365 Tipps für einen schönen Tag in Ostfriesland

365 Tipps für einen schönen Tag in Ostfriesland

Thomas Schumacher

Ellert & Richter Verlag

Inhalt

Vorwort

Moin tosamen,

Ostfriesland war immer ein Klischee. Blauer Himmel, Strand, weiter Horizont, Kühe, Seebären. Aber Ostfriesland ist mehr als das.
Die Chance, Vielfalt, Spannendes und Neues zu entdecken, überlasse ich Ihrer Neugier. In diesem Buch lesen Sie subjektive Einladungen, Ostfriesland zu erkunden. Deswegen können die Tipps nicht vollständig sein. Ostfriesland ist nicht nur anders, sondern auch mehr.
Die ostfriesischen Inseln fehlen in diesem Buch. Sie sind noch „anderser“ als das Festland. Weil sie in der Saison sehr frequentiert werden, ist das Binnenland für Gäste noch attraktiver geworden. Radfahren, wandern, baden, paddeln, viel Natur, viel Geschichte und der schnelle Trip nach den Niederlanden, dem Ammerland und Oldenburg eröffnen viele Möglichkeiten. Denn, Ostfriesland ist in direktem Wortsinn ein Reiseland. Man sollte durch die Gegend radeln, wandern, fahren, um die ganze Fülle der Schönheit und Verschiedenheit dieses Landstriches zu erleben.
Ostfriesland ist für Familien ein Lieblingsferienort. Die Tipps für Menschen, die Ruhe suchen, für Kids, die kacheln wollen, für „Forscher“, die an spannender Geschichte oder Architektur interessiert sind, und „Lieblingsplätze“ sind Vorschläge, um Sie für Ostfriesland zu begeistern. Wenn Sie neben den ausgetretenen Wegen nach Erlebnissen suchen, werden Sie Ihr eigenes Ostfriesland entdecken.
Glücklicherweise hat sich in den letzten Jahren auch die regionale Gastronomie entwickelt. Kulinarisch ist Ostfriesland eine Sensation – obwohl, auf mein Fischbrötchen will ich nicht verzichten (mit hartem Brötchen, nicht mit süßem).
Auch Ostfriesland unterliegt dem Wandel der Zeit. Industrie und extensive Landwirtschaft haben ihre Spuren hinterlassen. Trotzdem ist es ein Erlebnis, Ostfriesland zu besuchen und sich für den

Schutz des Naturerbes einzusetzen. Damit Sie mit Freude und Begeisterung nach Ostfriesland (zurück-) kommen, soll dieses Buch Anregung geben.

Vorwort zur 4. Auflage

Seit der ersten Auflage 2018 sind die „Tipps" mehrmals aktualisiert worden. Jetzt erscheint die 4. Auflage.
Liebe Leserin, lieber Leser, vielen Dank für Ihr Interesse.
Seit 2018 ist viel passiert: Deswegen ist eine völlige Überarbeitung der „Tipps" notwendig. Ostfriesland hat sich weiterentwickelt. Ostfriesland war und bleibt eines der beliebtesten Reiseziele der Deutschen. Die Übernachtungen steigen und an einigen „Hotspots" kann es in der Saison eng werden. Der Trend, die Verlagerung des Tourismus von den Inseln an die Küste und ins Binnenland, hält weiter an. Viele Gemeinden und Dörfer, aber auch Privatleute reagieren darauf mit neuen Angeboten. Das heißt, es gibt noch mehr zu entdecken! Maislabyrinthe, Barfußpfade, Skaterbahnen, neue Restaurants werden ebenso empfohlen wie die Klassiker: die Mühlen, die Leuchttürme, die Burgen und Schlösser, die Seen und Wälder (ja, auch Wälder gibt es hier).
In diesem Buch finden Sie eine Mischung aus „bewährten Standards" und Geheimtipps. Trotzdem bleibt die Auswahl subjektiv. Es gibt natürlich noch viel mehr zu entdecken, zu genießen und zu erleben. Schauen Sie einfach mal vorbei!

In diesem Sinne

Hol ji al fuchtig en munner hollen
(ungefähr: Bleiben Sie gesund und munter)

Thomas Schumacher

Leer

1 **Entdecken**
Leer

Niederländisch geprägt

Leer hat die einzige noch zusammenhängende Altstadt in Ostfriesland. Auch sie sollte abgerissen werden, BürgerInnen wehrten sich erfolgreich dagegen. Die sehr niederländisch geprägten Handels- und Wohnhäuser reihen sich teilweise seit dem 16. Jahrhundert in engen Gassen aneinander – wenn Sie auch mal abseits der Fußgängerzone oder hinter dem Rathaus bummeln. A propos, das Rathaus ist gar nicht so alt (1894). Man kann die prachtvollen Räumlichkeiten besichtigen und darf vielleicht den Turm besteigen. Ein traumhafter Panoramablick belohnt Sie. Wer mehr wissen will, kann an Stadt- und Themenführungen teilnehmen.

Altstadt und Rathaus
26789 Leer
Führungen: Leeraner Stadtführer
T. 0491 99 23 06 78 oder
T. 0176 96 01 85 59
www.stadtfuehrer-von-leer.de

2 Entdecken
Leer

Hafen im Herzen

Der Leeraner Handels- und Freizeithafen ist die Seele der Stadt. Ab dem 16. Jahrhundert lehnte sich Leer an seinen Stadthafen an und nutzte ihn gleichzeitig als Kloake, Geldquelle und Verbindung zur Restwelt. Die ehemalige Schleife der Leda wurde 1903 mit Hilfe einer Schleuse tideunabhängig. An den Kais liegen Hafenbetriebe und Reedereien. Leer ist hinter Hamburg zweitgrößter Reedereistandort Deutschlands. Der Hafenabschnitt in der Innenstadt ist Freizeithafen. Eine Promenade, Restaurants und die Terrassen vor der Tourismuszentrale laden zum Flanieren und Entspannen ein.

Hafen
Zufahrt über Ledastraße
26789 Leer

3 Genießen
Leer

Auf Gute-Laune-Kurs

Was wäre eine Hafenstadt ohne Schiffsausflüge! Die Leeraner Germania Schifffahrtsgesellschaft der Familie Brinkmann bietet mit ihren Schiffen Unterhaltungsfahrten auf Leda, Jümme, Ems und Dollart an. Amüsant ist auch eine Frühstücksfahrt ins niederländische Delfzijl. In der Teestube am Hafen können Sie sich auf die Tour einstimmen. Sollten Sie das Glück haben, von Reiner Brinkmann zum Akkordeon besungen zu werden, dann ist ihr Törn perfekt.

Germania Schifffahrtsgesellschaft
Rathausstraße 4 a
26789 Leer
T. 0491 5982
www.germania-schifffahrt.de

Genießen
Leer

Am Herzschlag der Stadt

Der Kern des Fleckens Leer lag bis zum 16. Jahrhundert an der Ems. Weil immer mehr niederländische Religionsflüchtlinge hier Asyl suchten, verlagerte sich der expandierende Ort an das sichere Ufer der Leda. Das war gleichzeitig die Anlegestelle für Handelsschiffe. In der Waage

wurden alle importierten Waren steuerlich taxiert (von der evangelischen Gemeinde). Zunächst war die Waage in einem Holzschuppen untergebracht. 1714 wurde sie als letzter Bau in Ostfriesland im niederländischen Barockstil neu errichtet. 1921 kaufte der Leeraner Heimatverein das Gebäude. Seitdem ist hier ein edles Restaurant untergebracht. Auf seiner Terrasse am Hafen zu sitzen heißt, dem Herzschlag Leers zu lauschen.

Restaurant Zur Waage und Börse
Neue Straße 1
26789 Leer
T. 04491 622 44
www.restaurant-zur-waage.de
Mo–So 12–14.30 und 18–23 Uhr
Di geschlossen

5 **Genießen**
Leer

Speisen auf der Leda

Im Leeraner Hafen hat ein Schiff festgemacht. Das ist nicht die Nachricht, denn hier liegen viele Schiffe. Die Spiekeroog III fährt aber nicht mehr auf große Fahrt. Sie liegt im Hafen und verwöhnt ihre Gäste. Die Spiekeroog III ist ein Restaurant. Mit ostfriesischen Spezialitäten. Nicht ganz so billig, dafür mittendrin und manchmal schwankend.

Spiekeroog III
Doktor-vom-Bruch-Brücke 1
26789 Leer
T. 0491 99 75 18 55
www.spiekeroogiii.de
Mi–Sa 17.30–23 Uhr
So 12–14 und 17.30–23 Uhr

6 **Erleben**
Leer

Post- und Passagierdampfer

Als Nationales Kulturdenkmal gilt der Post- und Passagierdampfer Prinz Heinrich. 1909 lief er in der Papenburger Meyer-Werft vom Stapel und verkehrte hauptsächlich zwischen Emden und Borkum. Seinen Ruhe(Liege)platz hat das Schiff am Hafenanleger beim Ernst-Reuter-Platz, dem Wochenmarkt, gefunden. Ab und zu fährt die Prinz Heinrich sogar wieder, eine private Initiative hat das Schiff restauriert. Auf der Website der Initiative erfahren Sie, ob und wann das Schiff zu besichtigen ist.

Prinz Heinrich
Wilhelm-Klopp-Promenade
26789 Leer
www.prinz-heinrich-1909.de

7 Genießen
Leer

Der Kaffee ist fertig

Angelehnt an die alte Leeraner Tradition der Tee-, Tabak- und Kaffeeproduktion hat sich die familienbetriebene Kaffeerösterei Baum in der Altstadt etabliert. Neben köstlichen Kaffeespezialitäten sind die absolut leckeren, kleinen Süßigkeiten zu empfehlen.

Kaffeerösterei Baum
Mühlenstraße 41
26789 Leer
T. 0491 99 75 62 10
www.kaffeeroestereibaum.de
Di–Sa 10–18 Uhr

8 Genießen
Leer

200 Jahre Wein-Erfahrung

Eines der traditionsreichsten Unternehmen in Leer ist die 1800 gegründete Weinhandlung Wolff. 1795 verließ Preußen die Koalition mit England gegen Frankreich. Beide Nationen standen sich böse gesonnen an der Ems gegenüber. Weil Preußen neutral blieb, konnte es unbehelligt Welthandel betreiben. Das preußische Leer erlebte einen wirtschaftlichen Boom, und die neuen Reichen wollten lieber Bordeaux-

Wein trinken als das gängige saure Leichtbier. Heute lagern über 1000 Sorten Wein und Spirituosen in Gewölben unter der Rathausstraße bis zum Hafen. Ein kleines Museum im daneben liegenden Haus Samson zeigt ostfriesische Wohnkultur.

Wein Wolff
Rathausstraße 18
26789 Leer
T. 0491 92 52 30
www.wein-wolff.de
Mo–Fr 10–18 Uhr
Sa 11–17 Uhr

9 Genießen
Leer

Voll die Kultur

Der Leeraner Kulturspeicher ist Spitze. Mitten in der Altstadt am Hafen ist der 1778 erbaute Hafenspeicher ein weithin bekannter Veranstaltungsort. Er ist berühmt für seine Jazzkonzerte. Es gibt aber auch Comedy, Folk, Lesungen, voll die Kultur eben! Ein Café und ein absolut heimeliger Biergarten sind das Sahnehäubchen.

Kulturspeicher
Wilhelminengang 2
26789 Leer
T. 0491 992 37 89
Programm:
www.leer.de/kulturspeicher
Café und Biergarten
Mi–Sa 18–22 Uhr, So 12–18 Uhr

10 Erleben
Leer

Einmal taggen bitte

Räuber und Gendarm spielen war einmal. Heute taggt man. In computergesteuerten, viralen Welten toben sich die Abenteurer aus. Ist doch mal was, sich im Rollenspiel mit Laserpistolen beim JunggesellInnenabschied durch die virtuelle Pampa zu jagen!

Lasertag&Lounge Leer
Sägemühlenstraße 9
26789 Leer
T. 0491 20 34 98 35
www.lasertag-lounge.de
Di–Do 15–22 Uhr
Fr 15–24 Uhr
Sa 13–24 Uhr
So 15–21 Uhr

11 Genießen
Leer

Teestunden im Museum

Tee ist in Ostfriesland Kult. Leer, Emden, Norden und Aurich haben ihre eigenen Marken des „echten“ Ostfriesentees. Die Firma Bünting in Leer hat anlässlich ihres 200jährigen Bestehens (2006) ihr altes Stammhaus aufwendig zu einem historischen Teeladen und einem Museum umgebaut. Hier erfahren Sie alles über Tee, können an einer „echten“ ostfriesischen Teezeremonie teilnehmen und sich mit entsprechenden Tees und Zubehör eindecken.

Bünting Teemuseum
Brunnenstraße 33
26789 Leer
T. 0491 80 80
www.buenting-teemuseum.de
Di–Fr 10–18 Uhr
Mo nur April bis Dezember 10–18 Uhr
So nur April bis Oktober 14–17 Uhr

12 Entdecken
Leer

Wie kommt der Tee zum Kunden?

2012 zog das Handelsunternehmen Bünting aus dem historischen Stammhaus in der Leeraner Altstadt in den Außenbezirk Nortmoor. Das neue Bünting-Valley hat ein Besucherzentrum. Man kann hinter die Kulissen des mittelständischen Unternehmens schauen. Wie entsteht der echte Ostfriesentee? Wie funktionieren die Warenlagerung und die Verteilung an die vielen Verbrauchermärkte in Nordwestdeutschland? Was passiert eigentlich in einem Tiefkühllager?

Bünting Besucherzentrum
Gewerbestraße 16
26845 Nortmoor
T. 0491 80 80
www.buenting.de
Mo–Do 9–12.30 und 13– 16.30 Uhr, Termine bitte vereinbaren

13 Genießen
Leer

Welt der Bücher

„Von allen Welten, die der Mensch erschaffen hat, ist die der Bücher die gewaltigste", sagte Heinrich Heine und hatte damit auch das Antiquariat Hecht im Sinn. 20.000 Titel im Laden, 60.000 weitere auf Lager, die Buchhandlung ist eines der größten Vollantiquariate Norddeutschlands. Ostfriesia, Kunst, gehobene Literatur, Schmöker und Philosophie sind die Schwerpunkte von Jörg-Michael Nowicki-Hecht, der schon als Kind lieber las, als Fußball zu spielen.

Antiquariat Hecht
Rathausstraße 4
26789 Leer
T. 0491 999 23 83
www.hecht.antiquar.de
Di–Fr 10–13 und 14.30–18 Uhr, Sa 10–14 Uhr

14 Genießen
Leer

Füße hochlegen mitten in der Stadt

Lange ödete einer der letzten historischen Hafenspeicher mitten in Leer vor sich hin. 2016 wurde er rundum saniert zu einem schmucken Vier-Sterne-Hotel. Ein grandioser Blick auf den Hafen, eine herrliche Außenterrasse am Kai, ein edles Restaurant und die gut bestückte Bar (Achtung, die Benutzung der Minibars auf den Zimmern ist kostenlos!), verleihen der Innenstadt ein glamouröses Flair.

Hotel Hafenspeicher
Ledastraße 23
26789 Leer
T. 0491 19 97 53 00
www.hotel-hafenspeicher.de

15 Genießen
Leer

Mittelmeer entdecken

Etwas außerhalb der Innenstadt finden Sie zwischen Leer und Loga das mediterrane Restaurant La Cucina. Außerhalb? Die Wege in Leer sind kurz. Jedenfalls erwartet Sie eine knappe, aber für Leer ausgefallene Speisekarte mit Lamm, Fisch, Pasta und viel frisch zubereitetem Gemüse. Der Hauswein, ein Rioja José Miguel Tempranillo, ist sehr lecker, erschwinglich und passt hervorragend zum Minioktopus mit Knoblauch ...

La Cucina

Bremer Straße 35
26789 Leer
T. 0491 9796879
www.lacucina-online.de
Di–Sa 17.30–22 Uhr
Unbedingt reservieren

16 Entdecken
Leer

Häuptlinge, Burgen, Grafen

Neben der Evenburg gibt es in Leer drei weitere, imposante Burgen oder Schlösser. Wer die Evenburg in Leer-Loga besucht, mag vielleicht gerne auch zur Philippsburg (Bild) am Anfang der Hohen Loga spazieren. Das 1730 vom Grafen von Wedel erbaute Wohnschloss wurde später an das gräfliche Haus der von der Schulenburg vererbt. Die Familie wohnt heute noch in der Anlage. Zum Schloss gehört ein kleiner Park, der zum Teil im Besitz der Stadt und damit öffentlich ist.

Sehr eindrucksvoll ist die Haneburg am Rand der Altstadt. Der höchste Verwalter des Landesherrn, der Drost Claes Frese, erbaute sie 1570. Später übernahm die Drostenfamilie Hane die Burg und gab ihr ihren Namen. Heute ist hier die Volkshochschule untergebracht.

Historisch bedeutend ist die Harderwykenburg ebenfalls in der Altstadt. Das „Erste Haus Leers“ wurde 1470 erbaut. Sie ist die Nachfolgeburg des Häuptlings Fokko Ukena. Der war zeitweilig der mächtigste Mann Ostfrieslands und wurde 1431 vertrieben. Er flüchtete vor den Eindringlingen in seine Burg, indem er der Legende nach in einem Weinfass versteckt von der Burgzinne sprang. Seit über 200 Jahren ist die Harderwykenburg im Besitz der Grafen Innhausen-Knyphausen, die heute diese Turmburg noch bewohnen.

Phillipsburg
Hohe Loga
26789 Leer

Haneburg
Haneburgallee 8
26789 Leer

Harderwykenburg
Alte Marktstr. 1a
26789 Leer

Alle Burgen sind nicht öffentlich

17 Erleben
Leer

Am Ende singen alle ein Weihnachtslied

Es ist der schönste Weihnachtsmarkt in ganz Ostfriesland. Mitten in der Innenstadt vor dem Rathaus am Hafen organisiert das „Schipper Klottje“ (Traditionsschifferverein) jedes Jahr einen stimmungsvollen, nicht kommerziellen Weihnachtsmarkt mit Programm. Viele Vereine stellen ihre Arbeit vor und bieten traditionelle Schleckereien an. Der Punsch der Seefahrtschüler darf auf keinen Fall fehlen! Lassen Sie sich verzaubern, an jedem Adventssonntag von 14 bis 19 Uhr. Berührend ist der Abchluss des Marktes am 4. Advent, wenn alle Besucher ein Weihnachtlied singen.

Wiehnachtsmarkt achter d‘Waag
Neue Straße 1
26789 Leer

18 Entdecken
Leer

The beat goes Leer

Im Innenhof des Rathauses hat sich ein kleiner Laden versteckt: Black beat – Vinyl 4 ever. Hier, im eher von Touristen und Beamten frequentierten Zentrum der Stadt, würde man nicht so ohne weiteres einen speziellen Musikladen mit Pop, Rock, Folk und Funk erwarten. Da ist er aber und LiebhaberInnen der runden Scheibe mit dem Loch in der Mitte können hier ihrer Sammelleidenschaft frönen.

Black beat – Vinyl 4 ever
Rathausstraße 9
26789 Leer
0157 877 62 073
www.black-beat-leer.de
Di–Fr 12.30–17.30 Uhr
Sa 10–15 Uhr

19 Genießen
Leer

Aussicht und Leben genießen

Der Name ist Programm. Auf den Hafenterrassen klebt das Restaurant-Bistro wie ein Schwalbennest. Im Sommer gibt es keinen Ort, an dem man sich wohler fühlen kann. Da zu sitzen und zu gucken ist Leben. Die Speisekarte reicht von Carpaccio bis Burger. Oder genießen Sie ein ausgedehntes Frühstück.

Schöne Aussichten
Ledastraße 4
26789 Leer
T. 0491 678 42
www.schoeneaussichten-leer.de
tgl. ab 9 Uhr, So ab 10 Uhr

20 Erleben
Leer

Raum für Kultur

Früher gingen die Leeraner ungern ins Zollhaus. Dort wurden ab dem 18. Jahrhundert die Waren aus aller Welt gelagert, die mit Zollgebühren ausgelöst werden mussten. Seit 1994 ist der Bau oft proppevoll. Im Zollhaus sind heute Konzerte, Disco, Theater, kreative Workshops und Ausstellungen gegen geringe Gebühren zu erleben.

Zollhaus
Bahnhofsring 4
26789 Leer
T. 0491 676 49
www.zollhaus-leer.com

21 Entdecken
Leer

Kunst aus Ostfriesland
Das Haus sammelt Arbeiten von KünstlerInnen aus Ostfriesland und stellt sie aus. Holzschneider, Malerinnen, GrafikerInnen werden hier mit ihren aktuellen Bildern oder Nachlässen dokumentiert. So wird manch wertvolles Werk gerettet.

Kunsthaus Leer
Turnerweg 5
26789 Leer
T. 0491 926 15 31
www.landkreis-leer.de (Leben & Lernen / Kunst & Kultur)
Geöffnet nur während laufender Ausstellungen

22 Entdecken
Leer

Gedenk- und Begegnungsstätte
Juden lebten in Leer mitten in der Stadt. Sie trieben Sport in Vereinen, sie waren Freunde, Nachbarn. Die Kuppel der Synagoge in Leer gehörte zu den stadtbildprägenden Gebäuden, neben dem Rathaus und den Türmen der christlichen Kirchen. Die Synagoge wurde durch

eine Lotterie von BürgerInnen mitfinanziert. Nur die ehemals jüdische Schule hat den Nazi-Terror überstanden. Eine Dauerausstellung dokumentiert jüdisches Leben in Leer. Aktuelle Ausstellungen, Seminare, Konzerte und Vorträge kommen hinzu.

Ehemalige Jüdische Schule
Ubbo-Emmius-Straße 12
26789 Leer
T. 0491 99 92 08 32
Do–So 14–18 Uhr
und nach Vereinbarung

23 Entdecken
Leer

Erdmantjes im Plytenberg

Am Stadtrand von Leer liegt auf einer Warft der alte Friedhof Westerende. Hier stand möglicherweise die erste Kirche des Fleckens, erbaut im 9. Jahrhundert vom Missionar Liudger. In der Warft liegt das Fundament einer Steinkirche. Die Katakomben können besichtigt werden. Auf dem Friedhof stehen Grabplatten Leeraner Häuptlinge und Drosten. Gegenüber, im Plytenberg, einer der höchsten Erhebungen Ostfrieslands (9 Meter!), wohnen Zwerge (Erdmantjes), die einen großen Schatz bewachen.

Friedhof Westerende
Westerende
26789 Leer

24 Genießen
Leer

Sitzen auf Wurzelholz

Die Menschen staunen: Elefanten aus Restholz, Schiffsrümpfe als Sitzbänke, wuchtige Tische, die in kein normales Haus passen und witzige Weinregale aus Wurzelstrünken. Was an diesen Möbeln holländisch ist? Vielleicht die tollen Ideen und der unbedingte Wille, auch aus der letzten Palette eine Bar zu zimmern!

Das Holländische Möbelhaus
Brunnenstraße 24-28
26789 Leer
T. 0491 999 11 20
www.dashollaendischemoebelhaus.de
Mo–Sa 10–18 Uhr

25 Erleben
Leer

Ideen für die ökologische Stadt

Im Rahmen der Agenda 21 haben Leeraner BürgerInnen den Stadtökologischen LEER-Pfad ins Leben gerufen. An zwölf markanten Punkten wurden zu konkreten Umweltproblemen praktische Projekte verwirklicht. Die Stationen sind mit aufwendig gestalteten Infotafeln markiert. Läuft man den ca. drei Kilometer langen Kurs ab, hat man ganz nebenbei einen herrlichen und informativen Spaziergang durch die Stadt und Stadtgeschichte absolviert.

Stadtökologischer LEER-Pfad
www.leer.de/umwelt
Infos über T. 0491 978 24 96 (Stadt Leer)
oder T. 0491 929 92 28 (Volkshochschule Leer)

26 Erleben
Leer

Glückliche Schweine

Falls Sie die für Ostfriesland typischen Kühe auf der Weide vermissen: die lassen viele Bauern mittlerweile im Stall. Anders Bauer Erchinger in Leer-Logabirum. Allerdings sind seine Kühe Schweine. 200 Tiere sind das ganze Jahr draußen! In einer zauberhaften Landschaft neben dem Ostfriesland-Wanderweg kann man auf einem Spaziergang Erchingers Edelsauen in ihren Suhlen bestaunen und sich an den wetzenden Ferkeln freuen.

Bauernhof Erchinger
26789 Leer-Logabirum
Kurz vor der Kirche Logabirum zweigt links der Weizenweg ab (leider steht hier kein Straßenschild). Geradeaus bis zur Linkskurve. Von da an zu Fuß den Feldweg geradeaus weiter. Erst quiekt es links, dann quiekt es rechts.
Einen Eindruck vermittelt ein YouTube-Video, Stichworte Sauen-Outdoorhaltung Erchinger Logabirum eingeben

27 Entdecken
Leer

Wo die Grafen ruhen

Gegenüber dem Evenburgpark steht die kantige Reformierte Kirche. Sie war die Hauskirche der Grafen von Wedel. Seit einigen Jahren ist die Gruft in der Kirche renoviert, die Särge sind ausgestellt. Im Rahmen einer Führung durch den Evenburgpark kann die „kleine Leeraner Kapuzinergruft“ mit ihren zwei restaurierten Prunksärgen aus dem 17. Jahrhundert besichtigt werden.

Grafengruft Loga
Infos siehe Schloss Evenburg
www.schloss-evenburg.de
(Führungen)

28 Entdecken
Leer

Das Liebesschloss

Die Evenburg im Leeraner Stadtteil Loga ist gar keine Burg, sondern ein Liebesschloss. Der ostfriesische Graf Ulrich II. (1606–1648) hatte Schulden beim Emder Stadtkommandanten Oberst Erhard Reichsfreiherr von Ehrentreuter. Die tilgte er, indem er dem Emder die Herrlichkeit Loga und Logabirum überließ. In Loga, am Ufer der Leda, baute Ehrentreuter 1642 für seine Gattin Eva von Ungnad ein Wasserschloss. Von diesem Bau ist – bis auf die originale barocke Vorburg – wenig erhalten. Denn die späteren Besitzer, die Grafen von Wedel, bauten das Schloss des öfteren um. Seit 1975 ist es im Besitz des

Landkreises Leer. Der hat Schloss und Park saniert und auf den neugotischen Stil aus dem Jahr 1861 festgelegt. Heute ist das Ensemble ein weit über die Grenzen Leers hinaus bedeutendes Ausflugsziel und bekanntes Kulturzentrum. Lassen Sie sich während einer Schlossführung in die Zeit der Grafen und Gräfinnen von Wedel versetzen. Höhepunkt der Führung ist ein Besuch auf dem Schlossdach. Sie werden von der Aussicht bezaubert sein!
In der Vorburg befindet sich ein Gartencafé. In Sichtweite gibt es einen Spielplatz für die Kleinen und einen Lehrgarten. Der Besuch des Parks ist kostenlos.

Schloss Evenburg
Am Schlosspark 35
26789 Leer-Loga
T. 0491 999 75 60 00
www.schloss-evenburg.de
Mitte März bis Ende Oktober
tgl. 10–18 Uhr
November bis Mitte Januar
tgl. 11–17 Uhr

29 **Genießen**
Leer

Leda-Ufer
Im Leeraner Stadtteil Loga fließt hinter dem Evenburgpark die Leda. Schlendern Sie über die Fährstraße, über den alten Mühlenweg oder durch den Park bis zum Fluss. Die Fährstraße läuft auf einen Bootsanleger zu, der Mühlenweg direkt zum Deich. Beide Punkte verbindet ein Pfad. Oben auf dem Deich hinter dem Mühlenweg stehen zwei Bänke. Meistens sind sie leer. Von hier aus blicken Sie weit ins Westoverledinger Land. Beobachten Sie ein Kuriosum: Bei Ebbe fließt die Leda nach rechts, bei Flut nach links.

30 Genießen
Leer

Bollwerk gegen Hochwasser

Leer ist ein Dreistromort zwischen Jümme, Leda und Ems. Siele pumpen Wasser aus den Entwässerungskanälen (Tiefs) in die Flüsse. An Leda und Ems regeln Stauwerke die Be- und Entwässerung. Am östlichen Stadtrand von Leer hinter dem Verbraucherzentrum Multi Süd erfüllt diese Arbeit das Ledasperrwerk. Es ist ein Bollwerk gegen mögliches Hochwasser. Das Sperrwerk ist gleichzeitig eine „geheime Brücke" von Leer auf die Westoverledinger Seite der Ems (für Radfahrer und Fußgänger). Außerdem kann man hier, mit Blick auf den Fluss, meditativ Ruhe und Entspannung finden.

Ledasperrwerk
Osseweg
26789 Leer

31 Entdecken
Leer

Staudenparadies

Versteckt am nördlichen Stadtrand von Leer liegt der bekannte „Pagels Garten". Ernst Pagels (1913–2007) war ein in aller Welt geschätzter Staudenzüchter und Gartenarchitekt. Für seine zahlreichen Züchtungen suchte er Wildpflanzen in der freien Landschaft. Auf dem Gelände seiner ehemaligen Gärtnerei hat eine Stiftung unter anderem einen „Garten für Jeden" eingerichtet, im man sein eigenes Gemüse – ökologisch – ziehen kann. Aber auch ohne Eigengewächse ist die Gartenpracht zu jeder Jahreszeit ein Genuss.

Ernst Pagels Garten
Deichstraße 4
26789 Leer
www.pagels-garten.de
ganzjährig geöffnet
Mehr über den Garten auf YouTube, Stichwort 100 Jahre Ernst Pagels

32 **Entdecken**
Leer

Vom Baggerloch zum Erholungspark

Das Naherholungsgebiet Westerhammrich im Norden am Leeraner Stadtrand ist der größte Park der Stadt. Aus dem ehemaligen Baggerloch wurde Sand für den Autobahnbau entnommen; ab 1992 entstand ein fantastisches Naherholungsgebiet. 100 Hektar groß; fünf Kilometer Fuß- und Radwege; ein Fischteich; ein 15 Hektar großer See mit Lagunen und Überläufen; geheimnisvolle Ruhenischen; Tierbeobachtungsplätze; Abenteuerspielplätze und Streuobstwiese – der Westerhammrich ist ein spannendes Eldorado in einer naturnah gestalteten Landschaft, die sich ständig weiterentwickelt. Besonders attraktiv für Kinder: der Irrgarten aus Weiden. Aber auch Erwachsene hört man in dem Gewinde jauchzen, wenn sie denn mal den richtigen Weg gefunden haben. Das Verwirren im Irrgarten ist kostenlos wie die Nutzung aller Einrichtungen im Westerhammrich. Gut für eine Tagestour, unbedingt Verpflegung mitbringen!

Westerhammrich
Alter Weg
26789 Leer

33 Erleben
Leer

Ostfriesland vom Mond betrachtet

Vom Mond aus gesehen, so sagt es der Schriftsteller Antoine de Saint-Exupéry, sehen alle Probleme klein aus. Ostfriesland vom Mond aus gesehen finden Sie im Leeraner Miniaturland auf mehr als 1000 Quadratmetern. Die Einrichtung ist die größte nach dem Hamburger Miniatur Wunderland und beide Standorte kabbeln sich um die Poleposition. Im Außenbereich befinden sich noch eine selbst steuerbare Garteneisenbahn und eine Minigolfanlage. Wenn Sie diese Erlebniswelt verlassen, überqueren Sie vorsichtig die Deichstraße. Klettern Sie auf den Emsdeich. Das Emsdeichvorland liegt wunderschön vor Ihnen. Alles ist echt.

Leeraner Miniaturland
Konrad-Zuse-Straße 1
26789 Leer
T. 0491 454 15 40
www.leeraner-miniaturland.de
tgl. 10–18 Uhr

34 Entdecken
Leer

Festung Leerort

Um ihre Handelswege zu sichern, bauten die Hamburger Hansekaufleute im 15. Jahrhundert eine Festung an der Ledamündung in die Ems. Strategisch beherrschten sie so das Tor zum Weiterkommen ins Binnenland. Später ging die Feste in den Besitz der ostfriesischen Grafen über. Mit ihr wehrten sie den Angriff des Bischofs von Münster ab. Nach dem Tod des letzten männlichen Erben der Cirksena im 18. Jahrhundert ließ der neue Besitzer Preußen die Anlage abreißen. Wenig erinnert heute noch an die ursprüngliche Bebauung, aber der verträumte Ort ist ein schönes Ziel für einen Deichspaziergang.

35 Entdecken
Leer

Jann-Berghaus-Brücke

Bis 1948 gab es keine feste Verbindung zwischen dem deutschen Rheiderland an der niederländischen Grenze und dem „Festland“ Leer. Nur einige kleine Fähren querten die Ems. Man fuhr nur ungern „rüber“ – von beiden Seiten. Die Rheider orientierten sich nach den Niederlanden, die zu dieser Zeit noch streng durch eine Grenze gesichert waren. 1991 wurde die erste Brücke abgerissen, die zeitweilig als größte Drehbrücke der Welt galt, und durch eine größere ersetzt. Die neue, 464 Meter lang, ist eine Klappbrücke, ein Nadelöhr, durch das die Meyer-Werft ihre riesigen Kreuzfahrtschiffe aus dem Binnenland in die Nordsee bugsieren muss. Die Durchfahrtbreite beträgt seit 2010 etwa 56 Meter. An beiden Ufern des Bauwerks erklären Infotafeln die Probleme der Ems. Der Namensgeber, Jann Berghaus (1870 – 1954), war ein legendärer Heimatforscher, von 1922 bis 1932 Regierungspräsident des preußischen Regierungsbezirks Aurich und nach dem Zweiten Weltkrieg Präsident der Ostfriesischen Landschaft.

36 Entdecken
Leer

Objekte, hauchzart oder wuchtig

Wenige hundert Meter hinter der Jann-Berghaus-Brücke über die Ems liegt auf der Rheiderländer Seite das Dörfchen Coldam. Einige kleine Häuser und Gulfhöfe schmiegen sich an den Deich. In einem dieser Höfe haben sich die niederländischen Künstler Geertje Maria Maas und Vincent van Leeuwen ihr Galerieatelier eingerichtet. Hier schaffen sie ihre teils hauchzarten, teils wuchtigen Objekte – aus Glas. Hier stellen auch mehrfach im Jahr befreundete Kolleginnen und Kollegen aus. Sehr ungewöhnlich, aber sehr spannend.

Kunstzentrum Coldam
Coldamstraße 8
26789 Leer-Coldam
T. 0491 960 48 47
www.kunstzentrum-coldam.com

37 Erleben
Leer

Gallimarkt

„Wer Dag för Dag sin Arbeit deit, und deit dat gut und deit dat gern, der darf sich og mal amüseern." Und das tun die Leeraner seit 1508: Am zweiten Mittwoch im Oktober ist hier Gallimarkt, das größte innerstädtische Volksfest in Norddeutschland. In Leer herrscht dann der Ausnahmezustand. Traditionell wird freitags nach Einbruch der Dunkelheit über dem Hafen ein spektakuläres Feuerwerk abgebrannt. Danach platzt die Stadt bis morgens aus allen Nähten. Samstagabend schmückt sich der Hafen mit einer Schiffsparade.

38 Erleben
Leer

Viehmarkt

Wer den Leeraner Viehmarkt besucht, taucht in eine andere Welt ein. Am zweiten Mittwoch im Oktober, vor der Gallimarkt-Eröffnung, findet er unweit der Stadtmitte in der Viehhalle des VOST (Verein Ostfriesischer Stammviehzüchter) statt. Schon in der Nacht zuvor bringen LKW aus ganz Deutschland Kälber, Milchkühe, Bullen und Pferde auf den Viehhof. Unter freiem Nachthimmel oder in vor feuchtem Heu dampfenden Boxen scharren, muhen und zerren die Tiere. Gegen sechs Uhr morgens beginnt ein Schreien, Schimpfen, Jubeln und Feilschen. Mit dem gegenseitigen „Handje klappen" (in die Hände schlagen) handeln Verkäufer und Käufer die Preise aus. Wer das Spektakel besucht, muss darauf achten, dass er die Gallimarkt-Eröffnung um 11.30 Uhr „kräftemäßig"nicht verpasst.

Leer umzu

1 Genießen

Leer umzu

Verwunschener Pausenplatz

Direkt am Jümme-Deich, an einer der Schlaufen des Flusses, liegt dieser verwunschene Ort. Eine riesige Silberpappel überwölbt den kuscheligen Platz. Von einem kleinen Aussichtsturm hat man einen schönen Blick über den Deich auf ein Überlaufbecken der Jümme. Auf einer Radtour von Leer nach Stickhausen hier unbedingt halten.

Picknickplatz an der Jümme

Ecke Neuer Weg/Am Deich, am besten erreichbar von der Pünte aus immer am Deich entlang.

2 Entdecken

Leer umzu

„Fährmann hol över"

Seit 1562 verbindet die Wiltshauser Pünte, an der Mündung der Jümme in die Leda, Ostfriesland mit dem Rest der Welt. Die letzte handbetriebene Treidelfähre Deutschlands ist eine Attraktion – auch wenn die Fahrt nur ein paar Minuten dauert! Sie ermöglicht herrliche Radwanderrouten und kurze Radtrips um Leer. Manche lassen sich von den Fährleuten auch nur hin- und zurückbefördern. Denn am Anleger auf Leeraner Seite gibt es ein Fährhaus. Eine schnucklige Gaststätte mit einem der schönsten Biergärten der Region!

Wiltshauser Pünte
Saison: 1. Mai bis 30. September
Mi–So 10–17.45 Uhr (bei Niedrigwasser Wartezeiten)
Landgaststätte zur Jümme–Fähre
Amdorferstraße 101
26789 Leer
T. 0491 718 66
www.puente-leer.de
Mi–So 12–21 Uhr
Anfahrt von Leer über die B 436 Richtung Aurich. An der Daalerstraße rechts abbiegen und der Ausschilderung folgen.
Fähre
T. 0151 624 271
www.puentenverein.de

3 Erleben
Leer umzu

Deutschlands schmalste Autobrücke
Diese steile Brücke über die Leda bei Amdorf ist ein Unikum, und wer Sie überqueren will, muss Nerven haben, zumindest als Autofahrer. Sie ist die schmalste Brücke Deutschlands und nur genauso breit wie ein normaler PKW! Mit Bande arbeiten geht nicht. Wenn Sie per Rad kommen und es bis zum Scheitelpunkt der Brücke geschafft haben, sind Sie vielleicht mit motorisiertem Gegenverkehr konfrontiert. Und den gibt es trotz der abgelegenen Lage reichlich. Immer dran denken: Nur durch Reden löst man Konflikte …

Brücke Amdorf
Trappenweg
26847 Detern-Amdorf

4 Entdecken
Leer umzu

Spazieren im Polder
Der Holter Hammrich bei Rhauderfehn war ein altes Überschwemmungsgebiet und wurde dann landwirtschaftlich genutzt. Später wurden seine natürlichen Bedingungen halbwegs wieder hergestellt. Durch die Höhenunterschiede im Gelände wird dieses Gebiet jetzt sowohl für den Hochwasserschutz (Entlastungspolder) und den Naturschutz (überschwemmte Auen) genutzt. Der Hammrich ist einsames Spaziergebiet, in dem man wunderbar Wiesen und Wasservögel beobachten kann.
Holter Hammrich
26817 Rhauderfehn
Anfahrt über Bietzestraße

5 **Entdecken**

Leer umzu

Sicher auf der Geest

Zwischen Oldenburg und der Küste verläuft ein Geestrücken, eine riesige Sandbank. Auf diesem „Rücken“ wanderten Menschen aus dem Binnenland an die Küste, denn die Geest war weitgehend vor Überschwemmungen geschützt. Das Dorf Backemoor zwischen Leer und Papenburg, unweit der Leda, liegt auf so einer Geesthöhe. Es ist also sicher vor Hochwasser. Und sicher vor Touristen. Backemoor ist ruhig, schön, entspannt.

Backemoor
26817 Rhauderfehn-Backemoor

6 **Erleben**

Leer umzu

Ein Ort für Pferdefreunde

Für Pferdefreunde ist Tammingaburg an der Leda ein Paradies. Tammingaburg ist der größte Reit- und Fahrverein in Ostfriesland. Dort gibt es Reitveranstaltungen, Reitkurse, vier Hallen, Mietboxen und auch zwei Therapiepferde.

Reit- und Fahrverein Tammingaburg
Jägerstraße 2
26847 Detern-Amdorf
T. 0491 142 26
www.tammingaburg.de

7 **Entdecken**

Leer umzu

Wo die Hamburger hausten

Auf einer kleinen Warft inmitten eines Eichen- und Buchenhains liegt am Ortsrand von Detern-Stickhausen die äußerst geschichtsträchtige Burg Stickhausen. Sie ist eine der wenigen historischen Steinbauten, die ursprünglich keine Häuptlingsburg war. 1435 hat die Hamburger Hanse sie errichtet, um ihre Handelswege nach Westen zu sichern. 1453 ging sie in den Besitz des Häuptlings und späteren Grafen Ulrich I. über. Heute ist hier ein kleines Museum untergebracht. In einer grauslichen Folterkammer kann man über „die gute alte Zeit“ nachdenken.

Burg Stickhausen
Burgstraße 3
26847 Detern-Stickhausen
T. 04957 707
www.detern.de
Mai bis Ende September Di–Sa 14–16 Uhr, So 14–18 Uhr

8 Genießen

Leer umzu

Badespaß nicht nur für Kinder

Zelten, baden, spielen, angeln – die Freizeitanlage Jümmesee ist besonders kinderfreundlich. Der Stickisee, wie Ostfriesen das Gewässer in Stickhausen nennen, hat moorweiches Wasser. Ein Café- Restaurant sorgt für Verpflegung. Mit Kindern ist der Besuch eine tolle Tagestour!

Jümmesee

an der B 72 bei Stickhausen
Restaurant Jümmesee
Zum See
26847 Detern-Stickhausen
November bis März nur an Wochenenden ab 9.30 Uhr

9 Erleben

Leer umzu

Seefische im Binnenland

Wo es Wasser gibt, gibt es (fast immer) Fische. Im Prinzip sind die meisten Gewässer an Anglervereine verpachtet, eine Angelgenehmigung muss bei ihnen eingeholt werden. Eins der schönsten Reviere ist das Leda-Jümme-Gebiet. Weil die Flüsse tideabhängig sind, können weit im Binnenland auch Seefische geangelt werden. Ob Aal, Hecht, Zander oder Schleie, mit etwas Petri Heil können Sie sich Ihr Mittagessen selbst fangen.

Angeln im Leda-Jümme-Gebiet

Fischereiverein Altes Amt Stickhausen
Amselstraße 6
26847 Detern
T. 04957 575
www.detern.de

10 **Entdecken**
Leer umzu

Toben im Wald

Schöne, nicht kommerzielle Kinderspielplätze sind rar in Ostfriesland. Umso toller ist da der Waldspielplatz Hesel. In einer Sandkuhle, mitten im Wald, lässt sich trefflich kullern und toben. Abenteuer vom Feinsten ist garantiert – auch bei nicht so tollem Wetter.

Waldspielplatz Hesel
Oldenburger Straße
26835 Hesel
Anfahrt: in der Ortsmitte Hesel an der Kreuzung in die Oldenburger Straße Richtung Remels abbiegen, erster Parkplatz rechts.

11 **Genießen**
Leer umzu

Ein traumhafter Blick aus dem Hafen

Da trauerten die Schlemmer als das Traditionslokal „Luv up" im Jemgumer Hafen schloss. Welche Freude als es jetzt neu eröffnet wurde. Neugestaltet ist nicht nur das Restaurant – es musste hochwassersicher gebaut werden. Auch die Speisekarte ist neu. Ein traumhafter Blick aus dem Hafen auf die Ems runden die edlen Gerichte ab.

Luv up
Im Yachthafen
26844 Jemgum
T. 04958 - 238
www.luvup-jemgum.de
Mi und Do 12–21 Uhr
Fr und Sa 12–22.30, So 12–21 Uhr

12 Entdecken
Leer umzu

Gut im Wald

Ostfriesland ist mit wenig Wald gesegnet. In Stikelkamp bei Hesel finden Sie ein besonderes Anwesen. Das Gut Stikelkamp liegt in einem 59 Hektar großen Wald mit seltenen Bäumen. Das Gutsgebäude ist das einzig erhaltene Klostergebäude in Ostfriesland aus dem 14. Jahrhundert. Es gehörte zu einem Vorwerk des Johanniterklosters Hasselt bei Hesel. Seit dem 18. Jahrhundert ist es in Familienbesitz. So dokumentiert die Einrichtung hervorragend ostfriesische Wohnkultur.

Gut Stikelkamp

Gutsweg 1
26835 Hesel-Stikelkamp
Der Besuch der Parkanlage ist frei
Kontakt für Gutsführungen:
Martin Köhler
T. 04946 320
www.landkreis-leer.de (Leben & Lernen/Kunst & Kultur/Burgen & Bauten)

13 Entdecken
Leer umzu

Ruinen unter Hecken

Hier ist es düster und geheimnisvoll. In einem Tal im Wald bei Hesel, überschattet von riesigen Baumkronen, stehen zunächst unscheinbare Hecken. Dann erkennt man ein System. Die Hecken sind symmetrisch angeordnet und werden als Andeutungen von Grundmauern entschlüsselt. In diesem versteckten Tal stand ab 1170 das erste Prämonstratenser-Kloster in Ostfriesland. Die Nonnen lebten zurückgezogen und hatten viel damit zu tun, die unwirtliche Landschaft zu kultivieren. Im 19. Jahrhundert wurde es abgerissen und seit den 1990er-Jahren intensiv archäologisch erforscht. Info-Tafeln im Wald beschreiben Wirken und Werden der Einrichtung. In der Tourist-Information in Hesel gibt es eine Ausstellung über die Grabungen.

Kloster Barthe
Oldenburger Straße
26835 Hesel
Parkplatz Silbersee (nördliche Seite)
Ausstellung:
Tourist-Information
Leeraner Straße 1
26835 Hesel
T. 04950 93 70 80
www.urlaubsregion-hesel.de

14 Genießen
Leer umzu

Vom Leicht- zum Vollbier

Waren das Zeiten! Vor dem 20. Jahrhundert hatte jedes kleine Dorf in Ostfriesland seine eigene Bierbrauerei und Destille. Das schweflige Moorwasser der Region war nur „veredelt“ als saures Leichtbier genießbar. Heute zählen die meisten Wasserwerke Ostfrieslands zu den am ökologisch wirksamsten in ganz Deutschland. Das Leichtbier ist verschwunden. Aber es gibt ein paar lokale Brauereien mit herzhaftem Vollbier, zum Beispiel in Bagband bei Hesel. Die Landbrauerei Ostfriesenbräu liegt am Schnittpunkt vieler Radrouten an der B 72. Sie lädt mit uriger Kneipe und Biergarten zur Pause ein. Tolles Bier (zu Ostern und Weihnachten mit Bockbier), deftiges Essen, Führungen, Bierseminare und mehr. Na denn, Prosit.

Landbrauerei Ostfriesenbräu
Voerstad 8
26629 Großefehn-Bagband
T. 04946 203
www.ostfriesenbraeu.de
Mi–So 11–22

15 Entdecken
Leer umzu

Restaurant im alten Stall

Imposant grüßt an der B72 zwischen Leer und Aurich in Bagband der Mühlenhof. Der Galerieholländer befand sich bis Anfang der 1990er-Jahre noch in Familienbesitz, wurde dann durch die Gemeinde Großefehn saniert und der Öffentlichkeit zugänglich gemacht. Regelmäßig backt der Mühlenbäcker das beliebte Mühlenbrot. Direkt anbei wurden der ehemalige Stall und die Scheune ausgebaut und in ein Café-Restaurant verwandelt.

Bagbander Mühlenhof
Mühlenkamp 1
26629 Großefehn-Bagband
T. 04946 91 71 220
www.bagbander-muehlenhof.de
Mi bis Fr ab 17 Uhr
Sa ab 12 Uhr
So ab 8.30 Uhr

16 Genießen
Leer umzu

Scheunencafé

Man vermutet es nicht! Zwischen Leer und Filsum ist eigentlich nichts. Doch! Nortmoor. Dort, an der Kreuzung mehrerer Radwanderwege nahe der Jümme, steht der große Gulfhof von Claudia und Christian Mondorf. Die Scheune ist umgebaut zu einem rustikalen Café. Zwar arbeiten die Gastgeber mit einer regionalen Bäckerei zusammen, aber Claudia Mondorf backt auch selbst Kuchen und Torten. Und die sind Weltklasse! Neben Fischbrötchen und Snacks gibt es auch Frühstück. Wer sich im Sommer im Außenbereich einmal niedergelassen hat, dem fällt das Weiterfahren sehr schwer.

Warftcafé Nortmoor
Dorfstraße 34
26845 Nortmoor
T. 04950 989007
Mo–Fr 6–18 Uhr
Sa u. So 7–18 Uhr

17 Entdecken
Leer umzu

Feines Leinen

Im 18. und 19. Jahrhundert gehörte in Ostfriesland in fast jedes Haus ein Webstuhl. Leinenweberei war zeitweise in Leer der Haupthandelszweig, das typische „Fiefschaft"-Leinen, eine robuste, aber edle Textilie, war an der gesamten Nordseeküste ein begehrtes Produkt. Seit 1999 haben sich Weberprofis von einem alten Auricher Webermeister animieren lassen und alte Webstühle und andere Werkzeuge gesammelt. Die stellen sie nicht nur in der Weevstuuv in Großefehn in der alten Schule aus, sie erklären auch das alte Handwerk, und wer will, kann sogar Kurse belegen und sich selbst ein Kleid, eine Weste oder Tischdecke weben.

De Weevstuuv Webmuseum
Achterlangsweg 9
26629 Großefehn
T. 0152 377 114 07
www.webmuseum-ostfriesland.de/
1. Mai bis 15. Oktober
Mi, So und Feiertage 14–17 Uhr

18 Erleben
Leer umzu

Alles über Wasser

Alles fließt. Wasser ist in Ostfriesland ein besonderes Elixier. Bis das brackige oder schwefelhaltige Moorwasser zu einem Lebensmittel wurde, dauerte es. Der Wasserpark Hasselt präsentiert die Geschichte und Technik der modernen Wasseraufbereitung. Alles, was man wissen muss über Trinkwasser, wird hier gezeigt. Spielerische Elemente machen einen Spaziergang im 7000 Quadratmeter großen Park auch für Kinder attraktiv.

Wasserpark Hasselt
Am Wasserwerk 2
26835 Hesel-Hasselt
T. 04950 938 00
Mo–Do 7.30–16.30 Uhr
Fr 7.30–12.30 Uhr
www.wmuhesel.de/wasserpark

19 Entdecken
Leer umzu

Der Hof des XXL-Ostfriesen

Tamme Hanken, der „XXL-Ostfriese“, ist auch nach seinem Tod in den Medien multipräsent. Der ostfriesische Knakenbreker (Knochenbrecher) und Pferdeheiler war berühmt. Ein Griff, ein Ziehen, und der Gaul trabte wieder flüssig über die Weide. Was die wenigsten wissen: Auch nach Tammes Tod betreibt seine

Frau Carmen den Pferdehof weiter. Alles, was Sie über Pferde wissen wollen oder müssen, erfahren Sie hier. Kurse, Reitübungen etc. sind möglich. Wenn Sie ein bestimmtes Pferdeanliegen haben, ist eine Anmeldung sinnvoll.

Hankenhof
Pferde REHA und Ausbildungszentrum
Carmen Hanken
Burgweg 2
26849 Filsum
T. 04957 657
www.hankenhof-xxl.de
Bürozeiten Mo–Fr 8–17 Uhr

20 Entdecken
Leer umzu

Bohlenweg durchs Moor

Um einen der wenigen deutschen Hochmoorseen, das Lengener Meer im Stapeler Moor, verläuft der Moorerlebnispfad Uplengen. Damit überhaupt Menschen in Ostfriesland siedeln konnten, mussten die Moore trockengelegt werden. Das Stapeler Moor steht seit 1940 unter Naturschutz und wurde seit den 1980er Jahren wieder vernässt. Hier kann man auf einem zwei Kilometer langen Rundwanderweg eine fast ursprüngliche Naturlandschaft entdecken. Sinnigerweise läuft man auf einem nachgebildeten Bohlenweg. So sahen die ersten „Straßen“ in Ostfriesland aus.

Moorerlebnispfad Uplengen
Zum Lengener Meer
26670 Uplengen
Führungen und Fotoexkursionen über Tourist-Info Uplengen
T. 04956 91 21 77
www.touristik-uplengen.de/natur.html

21 Entdecken
Leer umzu

Handgekurbelt übers Tief

Das ist ein besonderes Spielzeug. Eine selbst zu betätigende Kurbelfähre über das Tief Holtlander Ehe verbindet die Ortschaften Holtland und Filsum. Da der Ort eine hervorragende Picknick-Stelle ist, wird man nicht umhinkommen, mehrmals hin und her zu kurbeln. Macht Spaß!

Kurbelfähre Holtlander Ehe
Ossensettweg
26835 Hesel
Die Kurbelfähre ist ab Filsum oder Holtland ausgeschildert.

22 Erleben
Leer umzu

Rheiderland

Neben der Krummhörn und der Gemeinde Uplengen ist das Rheiderland die typische Region Ostfrieslands. Jemgum, Hatzum, Critzum, Midlum, Ditzum, Weener – der Landstrich zwischen Ems, Dollart und der niederländischen Grenze ist landwirtschaftlich geprägt. Kurz vor Jemgum sind zwar die größten Gasindustrieanlagen Deutschlands aus Salzstöcken ausgewaschen, dann aber beginnt Landschaft. Das Rheiderland ist überschaubar. Mit dem Auto befahren Sie es in gut einer Stunde. Mit dem Rad bieten sich Tagestouren an. Zu Fuß können Sie sich in der Einsamkeit verlieren. Verlassen Sie die drei Hauptstraßen und gehen Sie einfach rein. Zum Beispiel nach Marienchor, einem Winzort mitten drin.

23 Entdecken
Leer umzu

Dollart

Es ist still. Es ist im Nichts. Unspektakulär. Aber es ist unbeschreiblich schön. Wenn Sie ins Rheiderland nach Ditzumerverlaat fahren kommen Sie vor der Kirche an einen Abzweig nach Heinitzpolder. Sie verlassen die Welt, fahren durch ein Altdeichtor, und dann kommt rechts irgendwann ein Schild: Dollart. Auf dem Deich stehen zwei Bänke. Davor liegen Salzwiesen. Der Blick geht gen Horizont. Wenn Sie in der Gegend sind, gönnen Sie sich diese literarische Situation. Allein oder mit einem lieben Menschen – hier sind Sie bei sich im Nimmerland.

24 Erleben
Leer umzu

Ruhiger Hafen

Er hat etwas von einem Zwergen-Unterschlupf. Der historische Hafen mitten in Weener, der „Metropole" des Rheiderlandes, ist mit seinen Traditionsschiffen eine Sehenswürdigkeit der besonderen Art, wenn auch ein wenig verschlafen. Sportbootfahrer treffen auf eine angenehme Infrastruktur abseits vom Rummel. Spaziergänger können entspannt in eine der urigen Kneipen oder eines der gastlichen Restaurants einkehren.

Hafen Weener

Am Hafen
26826 Weener

25 Erleben
Leer umzu

Von Orgeln, Cembalos und Pianofortes

Orgelbau und die Orgelmusik in Deutschland gehört seit Kurzem zum Immateriellen Kulturerbe der Menschheit. Ostfriesland und die nord-niederländische Region verfügen über eine einzigartige Orgellandschaft. In vielen Kirchen stehen Tasteninstrumente aus verschiedenen Zeitepochen. Faszinierend ist, dass überall eine exzellente Musikkultur gepflegt wird. Das Organeum gibt einen Überblick über historische Orgeln, Pianofortes, Cembalos und Harmonien. Die Villa aus dem 19. Jahrhundert beherbergt auch ein Bildungszentrum, in dem sich MusikerInnen aus der ganzen Welt mit alten Werken vertraut machen. Regelmäßig finden im Organeum Konzerte statt.

Organeum Weener
Norderstraße 18
268226 Weener
T. 04951 91 22 03
Führungen nach Anmeldung
www.ostfriesische-landschaft.de
Di–Do 10–12 und 15–17 Uhr
Fr 10–12 Uhr

26 Genießen
Leer umzu

Tapas, Wein und Gesang

In Weener, an der Grenze zur Restwelt, gibt es die einzige spanische Tapasbar weit und breit. Samstags schließt um 21 Uhr die Küche. Dann singt der spanische Koch. Und wenn Sie vorher Salchichas al Vino blanco (kleine, würzige Würstchen in leckerer Soße, keine Sobresadas) oder Carne de Fiesta (feine, schmackhafte Fleischstücke) probiert haben, dann können Sie sich bei einem vorzüglichen (!) Wein zurücklehnen und nur zuhören.

Arco Tapas Bar
Norderstraße 1
26826 Weener
T. 0152 277 686 35
www.arco-weener.de
Mi–Do 17–22.30, Fr 17–23 Uhr
Sa 15–23, So 15–22 Uhr

27 Entdecken
Leer umzu

Auerochsen und Koniks

Der Landschwund aufgrund von intensiver Landwirtschaft, Stadtentwicklung und Straßenbau ist in Ostfriesland enorm. Der Naturschutzbund Deutschland (NABU) hat daher Flächen aufgekauft, die von alten Haustierrassen wie Auerochsen und Wildpferden, Koniks, beweidet werden. Die Tiere sind widerstandsfähig und bleiben das ganze Jahr im Freien. Sie fressen Gras und Stauden kurz und ermöglichen Brachvögeln, Kiebitzen und Uferschnepfen sichere Lebensräume. Im Dorf Coldam auf der anderen Seite der Ems sowie an der Deichstraße, von Leer aus Richtung Emden etwa 1,5 Kilometer hinter der Autobahn, stehen Aussichtstürme, von denen aus man die Wildtiere beobachten kann. In Weener, im Hessepark, leben Koniks. Fernglas nicht vergessen.

Hessepark
26826 Weener
www.nabu-woldenhof.de, Stichwort Projekte/Beweidungsprojekte

28 Entdecken

Leer umzu

Glücksmomente

Gut drei Kilometer von Ditzum entfernt liegt neben einem Siel Pogum am Ostzipfel des Dollart. Eigentlich ist hier nichts. Im direkten Wortsinn, denn die Sturmflut von 1962 hat genau an dieser Stelle einen Teil des Örtchens weggerissen. Aber wenn Sie auf dem Deich stehen, rechts die Ems, vor sich den Dollart, am Horizont die Niederlande und über sich den endlosen Himmel, dann könnten Sie möglicherweise einen Moment des Glücks erleben.

Pogumer Deich
26844 Jemgum-Pogum

29 Entdecken

Leer umzu

Frischer geht's nicht

Ein bisschen Idylle, ein bisschen Märchen: Das alte Fischerdorf Ditzum im Rheiderland ist mit seinen engen Gassen und seinem kleinen Hafen ein Schmuckstück. Von einem Geheimtipp zu reden wäre gelogen. Ditzum ist an Wochenenden und in der Saison ein Pilgerort für Touristen. Der Kern des Dorfes ist mit Mühle, Kirche und Fischerhäuschen völlig erhalten. Selbst in der kleinsten Kammer gibt es noch Cafès, Kneipen, Res-

taurants und wundersame Kramläden. Ditzum is(s)t Fisch, von den Fischerbooten im Hafen direkt in die Pfanne. Frischer geht es nicht. Unter der Woche oder (gerade) im Herbst und Winter ist das liebenswerte Dorf ein Hort der Ruhe. Gemütlich bei einem Koppke Tee oder einem strengen Grog kann man sich gut vorstellen, die Welt wäre in Ordnung.

Hafen Ditzum
26844 Jemgum-Ditzum
www.ditzum-touristik.de

30 Genießen

Leer umzu

Alles Fisch

Ditzum ist Bruhns. Unter anderem besitzt der Clan Fischkutter und Räuchereien. Am Hafen betreiben sie einen Fischimbiss, Jan Bruhns Krabben- und Fischhandlung. Hoch oben in der ersten Etage des Hafengebäudes mit Freiterrasse ist alles etwas chaotisch und improvisiert. Aber der Fisch! Bruhns Fischimbiss ist eine Pilgerstätte. Fisch, gebraten, gebacken, frittiert oder frisch zum Mitnehmen. Wer Fleisch isst, ist selbst schuld.

Fischhaus Jan Bruhns
Am Hafen 3
267844 Jemgum-Ditzum
T. 04902 91 20 91
www.ditzumer-krabben.de
Di–Sa 9–20.30, So 11–18 Uhr

31 Erleben
Leer umzu

Über die Ems

Sie spielte schon in Kinofilmen eine „tragende" Rolle. Die Ditzumer Fähre über die Ems nach Petkum ist eine beliebte „Brücke" für Fußgänger und Radfahrer. Gut, Mopeds und zwei Autos kann die Nussschale auch übersetzen. Für manche ist die Fähre nur ein „zielloses" Vergnügen. Sie fahren hin und her und lauschen den Sprüchen des Fährmanns.

Fähre Ditzum
267844 Jemgum-Ditzum
www.in-ditzum.de (Fähren)

32 Genießen
Leer umzu

Handgemachte Fleischeslust

Die Metzgerei Leggedör in Weener ist supermodern und gleichzeitig traditionell. Metzgerei, das soll ein Tipp sein? Für Menschen, die im ostfriesischen Binnenland als Selbstverpfleger Urlaub machen, ist Leggedör sogar ein „Muss". Eigenschlachtung, ausgefallene Rezepte, Lieferanten aus dem direkten Umfeld und regionales Lamm (wat ganz besünners). Es gibt einen Mittagstisch. Spezialitäten werden auch gerne als Souvenirs mitgenommen.

Fleischerei Leggedör
Süderstraße 31
26826 Weener
T. 04941 564
www.leggedoer.de
Di–Do 8–18, Fr 6.30–18 Uhr,
Sa 6.30–13 Uhr

33 Entdecken
Leer umzu

Titanic mal drei

Das Feriendorf Ditzum hat viele Anstrengungen unternommen, Gäste ans Ende der Welt zu locken. Eine neue Attraktion ist das Buddelschiffmuseum im Einkaufszentrum am Wohnmobilparkplatz. 600 Exponate erzählen die Geschichte der Seefahrt. Und natürlich darf auch die Titanic nicht fehlen. Sie gibt es sogar in drei Ausfertigungen.

Buddelschiffmuseum
Maritimes Einkaufszentrum
Pogumer Straße 1
26844 Jemgum-Ditzum
T. 04902 566
www.buddelschiff-ditzum.de

34 Genießen
Leer umzu

Schön schaurig

Das Haus im Dorfkern von Bingum hat eine schaurige Geschichte. Die ehemalige Inhaberin wurde dort von ihrem Liebhaber erschlagen. Nichts erinnert in dem schönen Fachwerkhaus an die Gräueltat – zum Glück für die Gäste des Cafés am Bingumer Deich. Traumhafte Terrasse am Deich, liebevoll restaurierte Gastscheune, selbstgemachter Kuchen und raffinierte Snacks: Ein Abstecher aus Leer lohnt sich immer. Übernachten kann man hier übrigens auch. Achtung: Das Frühstück am Donnerstag und Samstag ist „weltberühmt". Bitte frühzeitig reservieren.

Café Kuchenliebe
Am Bingumer Deich 36
26789 Leer-Bingum
T. 0491 97691039
www.cafekuchenliebe.de
Di–So 10–17

35 Entdecken
Leer umzu

Jemgum

Hinter der Jann-Berghaus-Brücke und dem Flecken Bingum liegt die zweite „Hauptstadt" des Rheiderlandes neben Weener: Jemgum. Die Emsbrücke wurde erst Ende der 1940er Jahre erbaut. Bis dahin war das Rheiderland ziemlich abgeschnitten vom Rest der Welt. Das merkt man eindrucksvoll, wenn man durch den Hafenort bummelt. Alte Häuser, sehr alte Häuser, schmiegen sich in die engen Gassen. Bis hierhin sind die Römer gekommen, als sie von der Nordsee aus durch die

Ems ins Binnenland drangen. Irgendwie wurde Jemgum von der Welt vergessen, Tourismus findet in Ditzum statt. Aber Jemgum und sein Hafen sind einfach nur ostfriesisch schön!

36 Entdecken
Leer umzu

Die Herberge des Herzogs

Nach der Schlacht von Heiligerlee (1568) trafen die niederländischen Rebellen unter Ludwig von Nassau in ihrem Freiheitskampf bei Jemgum an der Ems ein zweites Mal auf ihren Gegner, die spanische Armee unter dem Herzog von Alba. Fast 30.000 Mann kämpften gegeneinander. Die Spanier beklagten 100 Tote. Der Herzog von Alba, nach dem vermutlich die Spundstangen (Duckdalben) in deutschen Häfen benannt sind, ließ 7000 Niederländer abschlachten. Danach soll er der Legende nach in Jemgum im neuerbauten (1567 steht im Giebel) Häuptlingssitz von Heuwe Syrt genächtigt haben. Deswegen wird dieses älteste Haus des Dorfes in der Lange Straße nur Dat Alba-Huus genannt.

Alba-Haus
Lange Straße 17
26844 Jemgum

37 Entdecken
Leer umzu

Land der dunkelroten Ziegel

Rauchende Schlote an der Ems? Ab dem 17. Jahrhundert entwickelte sich an der Ems ein Produktionszentrum für Ziegel. Klei lag direkt vor Ort, und über die Ems konnten die Steine in alle Welt verschifft werden. Der dunkelrot gebrannte Ziegel war der Baustoff der Region schlechthin. An der Deichstraße zwischen Leer und Ditzum grüßen Sie in Midlum zwei riesige Schlote, „Leding“ und „Cramer“. Es sind die beiden letzten halbwegs erhaltenen Kamine zweier ehemals großer Ziegeleien. In den 1970er-Jahren stellten sie ihre Produktion ein. Die „Cramer“ wurde aufwendig renoviert und zu einem Ziegeleimuseum umgebaut. Ein Gang über den Deich lohnt sich.

Ziegeleimuseum Midlum
Öffnungszeiten erfragen bitte über die Gemeinde Jemgum
T. 04958 918 10
www.jemgum.de
www.nordwestreisemagazin.de/ziegeleimuseum

38 Erleben
Leer umzu

Beobachtungsplattform im Watt

Am Ende der Welt, in Dyksterhusen hinter Pogum, liegt eine alte Ölplattform im Dollart. Etwas abenteuerlich fährt oder geht man über die Deiche und auf einem Rumpelweg durch die Salzwiesen. Die Plattform ist eigentlich nur eine große, freie Fläche – aber wunderschön! Im Herbst und Winter rasten hier Zigtausende Wasservögel. Am Horizont zeichnen sich die Industrieanlagen von Delfzijl und die Hafensilhouette von Emden ab.

Bohrplattform Dyksterhusen
26844 Jemgum-Pogum

39 Entdecken
Leer umzu

Archimedische Schraube

1715 entstand nach einer Sturmflut in Ditzumerhammrich bei Bunde ein großer See (Kolk, 72 Hektar). Der wurde nach einem Deichneubau entwässert, um die Weideflächen zurück zu gewinnen. Dies macht die Mühle am Wynhamster Kolk mit einer archimedischen Schraube oder auch Schneckenpumpe, die vom Wind angetrieben wird. Nebenbei ist dieses Schmuckstück eigentlich der tiefste Punkt Niedersachsens, 2,5 Meter unter Normalnull. Dumm nur, das Freepsum in der Krummhörn auch diesen Titel beansprucht. Beide warben immer damit, die tiefsten Punkte Deutschlands zu sein. Der liegt aber in Schleswig-Holstein.

Wasserschopfmühle am Wynhamster Kolk
Wynhamster Kolk 2
26831 Bunde-Ditzumerhammrich
www.gemeinde-bunde.de (Tourismus/Sehenswürdigkeiten-Mühlen)

40 **Entdecken**
Leer umzu

Mittelalterliche Turmburg

Nach friesischem Recht war es verboten, dreistöckige Steinhäuser zu bauen. Die Häuptlinge, ehemals reiche Bauern, trauten sich gegenseitig nicht über den Weg, und ein massives Steinhaus konnte weder abgefackelt noch schnell eingenommen werden. Wer das dreistöckige Steinhaus Bunderhee im 14. Jahrhundert gebaut hat und warum er es durfte, ist weitgehend unbekannt. Möglich ist, dass der wuchtige Bau am Dollart ein militärischer Sicherheitsposten gegen einfallende Feinde von See war. Jedenfalls ist das Steinhaus einer der ältesten in der Grundstruktur erhaltenen Häuptlingssitze Ostfrieslands. Ein barocker Anbau aus dem 18. Jahrhundert lehnt an dem alten Gebäude. Das Steinhaus gehört der Auricher Ostfriesischen Landschaft, einer Kultureinrichtung im Rang eines Landkreises, und kann besichtigt werden. Manchmal finden dort auch Konzerte statt.

Steinhaus Bunderhee
Steinhausstraße 64
26831 Bunde-Bunderhee
T. 04953 80947
www.ostfriesischelandschaft.de (steinhaus bunderhee)
Führungen Ostern bis Oktober
Do 15–17 Uhr
Einmal im Monat gibt es um 11 Uhr eine Sonntagsführung

41 **Entdecken**
Leer umzu

Geheimnisvolle Natur

Neben den ehemaligen Schmugglerpfaden zwischen Deutschland und den Niederlanden liegt westlich der Kirchstraße in Wymeer ein geschütztes Hochmoorgebiet. Hier erleben Sie Einsamkeit pur in geheimnisvoller Natur. Angelegte Wege schlängeln sich durch die üppige Moorflora, so dass Sie trockenen Fußes hindurchspazieren. Hier wachsen unter anderem Sonnentau, Wollgras und Besenheide. Mit etwas Glück können Sie Waldeidechsen oder Kreuzottern beobachten.

Hochmoor Wymeer
Kirchstraße
26831 Wymeer
T. 04942 23 80 20
www.gemeinde-bunde.de (Tourismus & Kultur/Über die Region)
Führungen können unter T. 04953 23 80 20 vereinbart werden

42 Erleben
Leer umzu

Himalaya in Rhauderfehn

Zwölf Tonnen naturbelassenes Himalayasalz formen eine „Höhle“, in der die Mineralien wie Jod, Magnesium, Kalzium, Kalium, Eisen und Brom eingeatmet werden. Die Inhalation der salzhaltigen Luft soll sich auf etliche Krankheiten und Störungen positiv auswirken. Es hilft auf jeden Fall, völlig entspannt in angenehmer Atmosphäre vom Alltag auszuruhen. Außerdem werden in der Salzgrotte in Rhauderfehn Massagen und Farblichttherapien angeboten.

Salzgrotte am Fehn
Ziegeleiring 52
26817 Rhauderfehn
T. 04952 80 89 87
www.salzgrotte-am-fehn.de
Mo–Fr 10–12 und 14–17 Uhr, Sa–So nach Voranmeldung
Kinderstunden Di und Do 15–17 Uhr

43 Erleben
Leer umzu

Das Wahrzeichen von Idafehn

In der Gemeinde Ostrhauderfehn im Ferienort Idafehn ist der zweistöckige Galerieholländer das prägende Bauwerk. Mit 20 Metern Höhe überragt die Mühle den Ort. Sie wurde 1891 gebaut, brannte 1972 ab, und ist nach dem Wiederaufbau und mehreren Sanierungen wieder mit einem funktionsfähigen Mahlwerk ausgestattet. An jedem letzten Sonntag im Monat ist sie offen. Es wird gebacken von 10.30–18 Uhr.

Mühle Idafehn
Idafehn Süd 2a
26842 Ostrhauderfehn-Idafehn
T. 04952 4331
www.idafehn.de

44 Entdecken
Leer umzu

Tiere vom Prinsenhof

Jonny Prins war Realschullehrer und fast 20 Jahre Naturbeauftragter des Landkreises Leer. Privat hat er zusammen mit seiner Frau Petra sein eigenes Tierreich geschaffen. Die Liebe zur Kreatur und die Begeisterung für Natur spürt man hier bei jedem Schritt. Eine eigene Hundezucht zeigt, wie mit dem „Haustier" umzugehen ist. Die Ponyzucht schafft den Nachwuchs für therapeutisches Reiten. Viele Vögel und noch mehr Tiere machen den Besuch des Prinsenhofs zu einem Erlebnis.

Prinsenhof
Birkenstraße 14
26817 Rhauderfehn
T. 04952 23 39
www.tiere-vom-prinsenhof.de
Besuch nach Anmeldung oder
Di 15–17 Uhr

45 Erleben
Leer umzu

„Gerade sitzen, Ohren spitzen"

Aufrecht sitzen, Mund halten, Hände auf den Tisch. Der Unterricht im Schulmuseum in Folmhusen ist harte Kost, aber sehr lustig. Versuchen Sie, Buchstaben in Sütterlin auf die Schiefertafel zu kratzen. So lange ist es noch nicht her, dass ostfriesische Kinder in ihren Zwergschulen so „gefördert" wurden. Eine Schulstunde wie zur Kaiserzeit können Gruppen, aber auch Einzelpersonen erleben.

Schulmuseum Folmhusen
Leerer Straße 7–9
26810 Westoverledingen-Folmhusen
T. 04955 4989
www.ostfriesisches-schulmuseum.de
Mi/Fr/So 15–17 Uhr
1. Juni bis 31. August zusätzlich
Mo–Fr 10–12 Uhr
Dezember bis Februar nur So
15–17 Uhr

46 Erleben
Leer umzu

Hollahie – Hollaho

Der Freizeit Reiterhof Zimmer hat sich am Stadtrand von Leer zu einem sehr seriösen und attraktiven Reiterhof entwickelt. Dabei steht das Wohl der Pferde im Vordergrund. Auch wenn Pony Elsa manchmal eigensinnig während der Reitstunden am Wegrand Gras knabbert, lieben Kinder die Tiere und die weitläufige Reitanlage. Sie werden exzellent angeleitet, sich sicher auf den Pferderücken zu halten. Die Mitarbeiterinnen von Anne Zimmer sind kompetent und kinderfreundlich. Na, wie wäre es, den nächsten Kindergeburtstag auf einem Zossen zu verbringen?

Freizeit Reiterhof Zimmer
Siebenbergen 107
26789 Leer
T. 0491 730 07
Boxvermietung – Reitkurse – Kindergeburtstage
www.freizeit-reiterhof.de

47 Erleben
Leer umzu

Baden im Baggersee

Der Badesee mit Campingplatz ist ein Eldorado für Kinder. Die ehemalige Sandentnahmestelle am Dorfrand von Ihrhove zwischen Leer und Papenburg hat einen sauberen Strand, Liegewiese und Spielplatz. Eine große Rutsche lässt einen vergnügt in das erfrischende Nass flutschen.

Badesee Grotegaste
Deichstraße 7a
26810 Westoverledingen-Grotegaste
www.westoverledingen.de/tourismus

48 Genießen
Leer umzu

Verstecktes Tröpfchen

Niemand vermutet im kleinen Dorf Holte, am Ledadeich, in der Nähe von Rhauderfehn, einen Weinkeller. De Holter Wienkeller ist ein Unikum im Bier- und Tee Land Ostfriesland. Das Dorf, das seit Jahrzenten eine konstante Einwohnerschaft von 510 Menschen hat, leistet sich eben diese Besonderheit. Im Weinkeller kann man Weinproben buchen und das familiäre Weincafé ist ein gemütlicher Halt auf der Fahrradtour.

De Holter Wienkeller
Holter Landstraße 20
26817 Rhauderfehn
T 04952 – 895210
www. holter-wiekeller.de
Weinkeller (und Verkauf):
Di 14–18, Do 17–20, Sa 14–18 Uhr
Oder nach Vereinbarung (Weinproben ab 6 Pers. bitte anmelden)
Weincafé:
Di 14–18, Do und Fr 17–22 Uhr
Sa 14–22, So 10–20 Uhr (zum Frühstück bitte anmelden)

49 Erleben
Leer umzu

Brot selber backen

Ostfriesland ist Mühlenland. Ob zur Entwässerung oder zum Getreidemahlen, die „richtigen" Windmühlen (also keine Stromanlagen) gehören seit Jahrhunderten zum Landschaftsbild. Meist werden sie von ehrenamtlichen Enthusiasten gehegt und gepflegt und am Laufen gehalten. Ein besonders schönes Ensemble steht in Mitling-Mark im Westoverledingerland. Eine Ausstellung im historischen Gulfhof mit über 800 Stücken aus „Omas Küche", die Präsentation „Vom Korn zum Brot" und Brot backen im Dampfofen lässt Sie zu perfekten Besuchsmüllern werden.

Mühlenensemble Mitling-Mark
Marker Mühlenweg 2
26810 Westoverledingen-Mitling-Mark
T. 04951 8872
www.westoverledingen.de (Tourismus/Sehenswürdigkeiten)

50 **Entdecken**
Leer umzu

Fliegen über den See

Die Ortsnamen klingen irgendwie märchenhaft: Rhauderfehn, Großefehn, Ihlowerfehn. Fehn, das ist eine trockengelegte Moorlandschaft. Heute heißt so etwas Kulturlandschaft. Man brauchte ab dem 18. Jahrhundert Land für die Produktion von Lebensmitteln. Bis heute ist das Fehn landwirtschaftlich geprägt und, na ja, die mit Entwässerungsgräben durchzogenen Fehne liegen alle ganz schön weit ab vom Schuss. Idafehn macht da keine Ausnahme. Aber dort, gut 20 Kilometer neben Leer, liegt ein kleiner, versteckter See, der sich zu einem äußerst attraktiven Naherholungsgebiet gemausert hat. Die Wasserskianlage zieht über einen Parkour von Springhindernissen. Es scheint, als flögen die Wasserskiläufer über den See. Ein kleiner Badestrand liegt direkt an einem gut bestückten Kinderspielplatz. Ein Campingplatz und eine gemütliche Gastronomie direkt am Wasser runden das Ensemble ab. Ach ja, einen Hundefreilauf gibt es hier auch – eingezäunt.

Camping Idafehn
Idafehn – Nord 77b
26842 Ostfrhauderfehn
T. 04952 99 42 97
www.campingidasee.de

51 Erleben
Leer umzu

Musik und Schnittchen

Die Familie Remy hat sich in Driever an der Ems zwischen Leer und Papenburg einen Traum erfüllt. Ihr wunderschönes Gulfhaus mit sagenhaftem Grundstück haben sie saniert und zu einem Ort der kulturellen Freude gemacht. Sie veranstalten Konzerte, die in der Region Kultstatus haben. In den Pausen gibt es Schnittchen. Das Programm ist auf keine Musikrichtung festgelegt, also gibt es immer wieder Überraschungen.

Gulfhaus Dartein
Klosterstraße 13
26810 Westoverledingen-Driever
T. 04955 2049

52 Entdecken
Leer umzu

Vom Leben im Moor

Die ostfriesische Region ist eine ehemalige Moorlandschaft. Eine Besiedlung war erst nach Entwässerung möglich. Der gewonnene Torf war das „braune Gold" vieler Dörfer, ein wichtiges Handelsgut und oft einziger Brennstoff. Das Museum Elisabethfehn zeigt in zwei Häusern und einer Freianlage die Geschichte der Moorbesiedlung. Wie wichtig Moore für die wasserdynamische Stabilität einer Region sind und dass Moore ökologische Erlebniswelten sind, lernt man hier auch. Für den Gaumen gibt es in der Teestube „moortypische" Gerichte.

Moor- und Fehnmuseum Elisabethfehn
Oldenburger Straße 1
26676 Elisabethfehn
T. 04499 2222
www.fehnmuseum.de
15. März bis 31. Oktober Di–So
10–18 Uhr

53 Erleben
Leer umzu

Fidele alte Dame

Die Dame ist uralt, Jahrgang 1896. Aber sie ist quietschfidel. Das historische Flachbodenschiff ist eine in den Niederlanden gebaute Tjalk. Dieser Schiffstyp war besonders geeignet, durch die tideabhängigen Flüsse und flachen Tiefs Torf in die Städte und zu den Ziegeleien an der Ems zu transportieren. Ein Verein hat den Motorsegler funktionsfähig gehalten. Sie können herrliche Touren auf der Leda und auf den Tiefs buchen.

Museumschiff Angela von Barßel
26676 Barßel
www.barssel-saterland.de/tjalk-angela-von-barssel
Buchung:
Peter Droste T. 04499 7930

54 Entdecken
Leer umzu

Moderne Heimatkunde

Das Dorf Barßel, ein beliebter Ferienort mit Sportboothafen, bietet einen spannenden Spaziergang an. Auf einem ca. 3,5 Kilometer langen Rundweg macht es die Geschichte des Dorfes, die Bedeutung des Flusses Soeste und die Veränderung der Landschaft erlebbar. Zehn interaktive Stationen verdeutlichen die Entwicklung des Ortes. Der Weg beginnt an der Ostseite des Hafenbeckens.

Erlebnisweg an der Soeste
26676 Barßel
www.barssel.de/erlebnisweg-an-der-soest

55 Erleben

Leer umzu

Schippern über Soeste, Leda und Jümme

Barßel ist ein historischer Verkehrsknotenpunkt. Deswegen sind die Barßeler stolz auf ihr Fahrgastschiff, die MS Spitzhörn. Die schippert ihre Gäste über Leda, Barßeler Tief, Soeste und Jümme. Ein ruhiges Erlebnis in „reiner" Natur. An Bord werden ein leckerer Imbiss und Getränke serviert. Spitzhörn ist übrigens eine alte Bezeichnung für eine Landzunge im Barßeler Tief

MS Spitzhörn

Anleger: Deichstraße 1a
26676 Barßel
Infos unter T. 04499 93 80 80
www.barssel-saterland.de

56 Erleben

Leer umzu

Befahrbares Kulturdenkmal

Einst sollte der Elisabethfehnkanal die Hunte und die Ems verbinden, die Infrastruktur der moorigen Region verbessern und dem wirtschaftlichen Aufschwung Vorschub leisten. Im Laufe der Zeit hat er seine wirtschaftliche Funktion verloren. Der Freizeitwert hat sich aber enorm erhöht. Der für Sportboote schiffbare Kanal mit seinen vier manuell zu betreibenden Schleusen (zum Beispiel in Elisabethfehn) und sieben historischen Klappbrücken ist für Skipper und Wanderer ein Kleinod. Eine Bürgerinitiative arbeitet für seinen Erhalt.

Elisabethfehnkanal

www.elisabethfehnkanal.de

57 Erleben
Leer umzu

Kletterparcours von leicht bis schwer

Mitten im Wald hält der Kletterwald Surwold Angebote für die ganze Familie bereit. Neben den sehr anspruchsvollen Parcours mit Gleitbahnen gibt es auch einen Steig für Ungeübte und Kinder. Das Parkteam sorgt für ausreichende Einführung. Rufen Sie am besten vorher an. Bei schlechtem Wetter darf nicht geklettert werden.

Kletterwald Surwold
Waldstraße
26903 Surwold
T. 05991 884300
www.kletterwald-surwold.de
Mitte April bis Mitte Oktober
10–19 Uhr

58 Entdecken
Leer umzu

Weiches Wasser

Selbst für viele Einheimische ist das Wolfsmeer unbekannt. Der Moorsee liegt versteckt in einem Bruchwald von Birken und Erlen. Für einen Spaziergang um den See zieht man je nach Wetter Gummistiefel an oder geht gleich barfuß. Bei einem schnellen Bad schmeichelt das unvergleichlich sanfte Moorwasser der Haut – einfach traumhaft. Das Wolfsmeer ist Naturschutzgebiet, aber baden war bislang immer erlaubt.

Wolfsmeer
26802 Moormerland-Veenhusen
www.nordwestreisemagazin.de/wolfsmeer
Veenhusen, am Ortseingang rechts abbiegen (Fahrradwege sind ausgeschildert)

Emden

1 **Entdecken**
Emden

Heringslogger am Kai

Die Heringsfischerei hat Emden seit dem Mittelalter reich gemacht. Auch benachbarte Städte verdanken dem „Silberling“ Reichtum. Emden besaß eine der größten Heringsflotten in der Nordsee. Damit war es 1976 vorbei. Trotzdem gehört Hering, zumal Matjes, zu Emden wie St. Pauli zu Hamburg. Der Heringslogger AE 7–Stadt Emden prägt traditionsbewusst das Hafenbild des Ratsdelft in der Innenstadt. Das Museumsschiff ist ein hölzerner Segellogger und wurde von Ehrenamtlichen liebevoll kaifähig saniert.

Museumslogger AE 7-Stadt Emden
T. 0171 566 39 45
www.heringslogger.de

2 **Entdecken**
Emden

Helfer in Seenot

1861, noch vor der Gründung der allgemeinen deutschen Seenotrettung, organisierte der Emder Zollinspektor Georg Breusing den „Verein zur Rettung Schiffbrüchiger in Ostfriesland“. Ihm zu Ehren trägt der ausgediente Seenot-Rettungskreuzer im alten Emder Hafen seinen Namen. Das Schiff wachte von 1963 bis 1988 von Borkum aus über die Sicherheit in der Nordsee. Fast 1700 Menschen rettete es in dieser Zeit aus Seenot. Jetzt dient es der Emder Museumsschiffsflotte zur Ehre.

Seenot-Rettungskreuzer Georg Breusing
Georg-Breusing-Promenade
26721 Emden
T. 04921 205 41
www.georg-breusing.de
Fr–So 11–16

3 Erleben
Emden

Feuerschiff Amrumbank/Deutsche Bucht

Was für ein Leuchtturm! Das historische Feuerschiff Deutsche Bucht hat ab 1917 über 65 Jahre Schiffe durch die Deutsche Bucht geleitet. Es ist eines der deutschen „fahrenden" Leuchttürme, die die Zufahrt zur Elbe und nach Wilhelmshaven bewacht und gesichert haben. Ein Feuerschiff wurde sogar ein Filmstar. Die „Borkumriff". Es diente als Kulisse für die Siegfried Lenz Verfilmung „Das Feuerschiff" mit Jan Fedder. Der „Star" macht die Emder Museumsflotte komplett. Heute ist das Schiff sehr komfortabel auch als Restaurant getakelt.

Museums-Feuerschiff Amrumbank/Deutsche Bucht
Georg-Breusing-Promenade
26721 Emden
T. 04921 232 85
www.amrumbank.de
Di–So 11–17

4 Entdecken
Emden

Der andere Blick

Emden zu Wasser ist ein besonderes Erlebnis. Die Stadt vom Hafen oder ihren Grachten aus (wieder) zu entdecken ist eine völlig andere Art, sie kennenzulernen. Emden wurde im Zweiten Weltkrieg fast zu 80 Prozent zerstört. Mit dem Schutt warfen die EmderInnen viele ihrer Grachten zu. Von Goethes so bewundertem Venedig an der Nordsee blieb nur ein kleiner Teil über. Trotzdem, eine Hafen- und Grachtenfahrt ist unbedingt zu empfehlen.

Hafen- und Grachtenfahrten
Am Ratsdelft
26721 Emden
T. 04921 974 00
www.emden-touristik.de (Stichwort Freizeit-Tipps)
April bis Oktober

Erleben
Emden

Das Vermächtnis von Henri Nannen

Außen und innen ist die Emder Kunsthalle ein kulturelles Glanzlicht mit einer Strahlkraft weit über Ostfriesland hinaus. 1986 von Stern-Chef Henri Nannen mit seiner späteren Ehefrau Eske gebaut, spiegelte es zunächst die expressionistischen Vorlieben der Gründer wieder, erweitert durch Bilder der Neuen Sachlichkeit, russischer Glasnost-Kunst und den Jungen Wilden. Durch eine Schenkung von Otto van de Loo fand noch mehr zeitgenössische Malerei Einzug in die mittlerweile architektonisch stilbildenden Gebäude. Für Kunstliebhaber und solche, die sich zum Beispiel an Nolde, Kirchner oder Richter erfreuen, ein großes Erlebnis!

Die zugehörige große Kunstschule bietet kreative Workshops auch für Feriengäste an.

Kunsthalle Emden
Hinter dem Rahmen 13
26721 Emden
T. 04921 97 50 50
www.kunsthalle-emden.de
Di–Fr 10–17 Uhr, Sa–So 11–17 Uhr, Mo geschlossen

6 **Erleben**
Emden

Mittelpunkt ostfriesischer Geschichte

Emden nannte man das Antwerpen oder das Venedig des Nordens. Nachdem die Altstadt im Zweiten Weltkrieg zerstört wurde, kann man nur im Landesmuseum nachvollziehen, welche Schönheit hier verloren gegangen ist. Das Landesmuseum residiert im alten Rathaus der Stadt von 1576. Emden ist der Mittelpunkt ostfriesischer Geschichte, obwohl die Stadt aufgrund ihrer Bedeutung immer mehr oder weniger unabhängig war und ist. Es gibt keinen Ort in Ostfriesland, der nicht irgendwie eine historische Linie in die Hafenstadt an der Ems ziehen kann. Das Landesmuseum zeichnet diese Linien nach. Spektakulär sind die Rüstungen und Waffen in der Rüstkammer. Keiner glaube, Ostfriesland sei eine Idylle gewesen! Etwas wehmütig kann man vom alten Rathausturm über die Stadt und den Delft schauen.

Ostfriesisches Landesmuseum Emden
Brückstraße 1
26721 Emden
T. 04921 87 20 58
www.landesmuseum-emden.de
Di–So 10–17 Uhr, Mo geschlossen

7 Genießen
Emden

Fischbrötchen

Für manche ist es Fastfood, in Ostfriesland ist es Kult: das Fischbrötchen. Am Delft, mitten in Emden vor dem Rathaus, steht der Fischimbiss Heringslogger. Er ist mittags Treff vieler Büro- und Behördenangestellter und Touristen. Ob Matjes, Backfisch oder Aal, hier gibt es super Fisch to go und to eat! Der Glaubensstreit, ob ein Fisch in einem süßen oder harten Brötchen zu essen ist, wird hier eindeutig für hart entschieden.

Emder Heringslogger
Am Ratsdelft
26721 Emden
T. 0171 486 90 13
www.emder-heringslogger.de

8 Erleben
Emden

Lese-Buch-Café

Urlaubszeit ist Lesezeit. Hinter dem Emder Rathaus finden sie im Trubel jene Ruhe, die Sie zum Schmökern brauchen. Was das Schöne ist? Der Buchladen ist nicht nur gut sortiert, er hat auch ein gemütliches Café neben den Regalen! Entspannung pur!

Bücherstube am Rathaus mit Lesecafé
Brückstraße 12
26725 Emden
Di–Fr 9.30–17.30 Uhr
Sa 9.30–14 Uhr
T. 04921 979474

9 Entdecken
Emden

Sammelplatz für Feinschmecker

Einen der größten und schönsten Wochenmärkte in Ostfriesland finden Sie in Emden. In der Innenstadt, am Neuen Markt, kuscheln sich die Stände ins Stadtzentrum. Viele regionale Anbieter stellen ihre Produkte aus. Frischer Fisch, Schalentiere und Muscheln warten auf die Gourmets. Und einen leckeren Kaffee gibt es umzu in den Cafés und Bistros.

Wochenmarkt
Neuer Markt
26721 Emden
Di, Fr, Sa 8–13 Uhr

10 Erleben
Emden

Geschichte des Nationalsozialismus

1940 fielen die ersten Bomben auf Emden. Die Stadt war U-Boot-Schmiede und Marinehafen. Danach bauten Kriegsgefangene und Zwangsarbeiter etliche Bunker. Die retteten am 6. September 1944, als alliierte Bombereinheiten 80 Prozent der Innenstadt zerstörten, vielen EmderInnen das Leben. Seit 1993 dokumentiert eine Arbeitsgruppe die Geschichte des Nationalsozialismus. In einem der noch vorhandenen 31 Emder Bunker präsentiert sie ihre Ergebnisse.

Bunkermuseum Emden
Holzsägerstraße 6
26721 Emden
T. 04921 322 25
www.bunkermuseum.de
Di–Fr 10–13 Uhr und 15–17 Uhr, Sa und So 14–16 Uhr

11 Erleben
Emden

Bürgerliche Architektur

Goethe schwärmt im „Faust“ von Emden. Durch den Heringsfang wurde die Stadt wie Amsterdam und viele skandinavische Städte steinreich. Prachtvolle bürgerliche Architektur im flämisch-niederländischen Stil prägte das Stadtbild. Das Venedig des Nordens wurde im Verlauf des Zweiten Weltkrieges fast völlig zerbombt. Zwei alte Bürgerhäuser aus dem 16. Jahrhundert sind erhalten geblieben. Die Häuser 11 und 12 in der Pelzerstraße beherbergen ein Kulturcafè mit inklusiver Organisation. Das Landesmuseum bestückt die ehrwürdigen Gemäuer mit wechselnden Ausstellungen.

Pelzerhäuser
Pelzerstraße 11–12
26721 Emden
T. 04921 58 33 87 (Café)
T. 04921 87 20 58 (Museum)

12 Entdecken
Emden

Barocker Blickpunkt

Emden war eine Hochburg der Reformation. Seine Kirchen sind Kathedralen des Glaubens. 1643 wurde im Stadtteil Faldern die Neue Kirche gebaut. Die beiden anderen, älteren Kirchen reichten für die 20.000 EmderInnen nicht mehr aus. Ausschließlich aus Spenden wurde die barocke Kirche finanziert. Im Zweiten Weltkrieg bis auf die Außenmauern zerstört, wurde sie leicht verändert wieder aufgebaut. Sie war der erste Kirchenneubau nach der Reformation (1643–1648) und prägt heute unübersehbar den südlichen Teil Emdens.

Neue Kirche
Brückstraße 103
26725 Emden
T. 04921 226 58
www.neue-kirche.de

13 Erleben
Emden

Theologische Spezialsammlung

Diese Kirche ist ein Herzstück ostfriesischer Geschichte. Ihre Wurzeln reichen bis ins 9. Jahrhundert zurück. Zudem ist sie heute das spirituelle Zentrum der reformierten Christen in Norddeutschland und den Niederlanden. In den atemberaubenden Gewölben ist die Johannes a Lasco Bibliothek untergebracht. Sie ist eine der größten

theologischen Spezialsammlungen der Welt. Nach der Zerstörung im Zweiten Weltkrieg dient die Große Kirche auch als Mahnmal. In der alten Kirche finden heute keine Gottesdienste mehr statt.

Große Kirche – Johannes a Lasco Bibliothek
Kirchstraße 22
26697 Emden
T. 04921 915 50
www.jalb.de
Di–Sa 14–17 Uhr
Öffentliche Führungen (April bis Oktober) So 14.30 Uhr

14 Entdecken
Emden

Im Reich der Ottifanten

Emder sprechen gern vom „größten Sohn" der Stadt. Tatsächlich ist Otto Waalkes in Emden geboren und später nach Hamburg ausgewandert. Dort mauserte er sich zu einem der bekanntesten Komödianten Deutschlands. Das Multitalent zeichnet, macht Musik, dreht Filme und hat sich mit seinen Shows und Fernsehauftritten in die Herzen vieler Fans gehibbelt. Dat Otto Huus dokumentiert sein Wirken und hält viele seiner Accessoires als Souvenirs bereit.

Dat Otto Huus
Große Straße 1
26721 Emden
T. 04921 221 21
www.emden-touristik.de (Stichwort Themen/Kultur&Meer)
www.ottifant.de
Mo–Fr 9.30–18 Uhr, Sa 9.30–14 Uhr, So 10–16 Uhr

15 Entdecken
Emden

Auslauf für Kinder

Mit Kindern in der Stadt ist es oft stressig. Da kommt ein schöner Kinderspielplatz gerade recht. In Emden finden Sie ihn in der Stadtmitte am Stephansplatz. Und während die Kleinen sich auf dem Abenteuerspielplatz müde toben, können Sie im anliegenden Café entspannt zuschauen!

Abenteuerspielplatz am Stephansplatz
Am Brauersgraben 10
26725 Emden

16 Genießen
Emden

Treffpunkt für alle Bürger

Die Kneipe ist eine Ikone der Subkultur – gewesen. Heute formulieren die MacherInnen ihren Anspruch so: „Wir haben eine Vision! Eine Vision für ein Emden, worin Studenten, Hausfrauen, Jugendliche, Großeltern, Vereine oder Unternehmen zusammenkommen, um ihren Lebensmittelpunkt lebenswert zu gestalten!" Die Einsteine sind auf bestem Weg: gemütlich, einfaches Essen, guter Wein, und dienstags Kulturabend. Und es gibt einen Kicker!

Café EiNStEiN
Bollwerkstraße 14
26725 Emden
T. 04921 291 11
www.einstein-emden.de
Mo–Do 10–1 Uhr
Fr. 10–2 Uhr
Sa 10–3 Uhr
So 13–22 Uhr

17 Entdecken
Emden

Was die Seeleute mitbrachten

Angefangen hat alles mit der Idee, Seeleuten und ihren Freunden einen Treff anzubieten. Hier sollten sie sich austauschen und ihr Seemannsgarn spinnen können. Schnell wurde das private „Wohnzimmer" bekannt und der Raum in einem Emder Hinterhof viel zu klein. Die Seeleute klönten nicht nur, sie brachten auch viele Mitbringsel von ihren Törns mit. Das war der Grundstock des heutigen Maritimen Museums, in dem man herrlich stöbern kann. Und natürlich kann man hier weiter Seemannsgarn spinnen.

Maritimes Museum
Emsstraße 12
26721 Emden
T. 04921 58 49 23
www.seefahrtsfreunde-emden.de
Do–Sa 10–13 Uhr

18 Genießen
Emden

Ostfriesentee: echt, echter, am echtesten

Tee ist in Ostfriesland Kult. Emden, Aurich, Norden und Leer haben ihren eigenen „echten" Ostfriesen Tee. Das ist eine herbe, dunkle Teemischung, von der jede Stadt behauptet, die „echtere" zu kreieren. Besser ist, Sie bestellen in jeder Stadt den entsprechenden Haustee ... Die eigentliche Teezeremonie ist immer die gleiche. Bitte nie die Sahne im Tee umrühren! Bekommen Sie irgendwo Tee aus Teebeuteln serviert, dann sind Sie in England.

Thiele & Freese
T. 04921 251 84
www.thiele-tee.de
Thiele Tee Stammhaus
Hinter der Halle 7–8
26725 Emden
Mo–Fr 10–18 Uhr
Sa 9.30–14.30 Uhr
Thiele Tee Kontor

19 Entdecken
Emden

Hafen

Der Hafen ist seit dem Mittelalter das Herz der Stadt und der Grund, warum hier überhaupt eine Stadt entstanden ist. Im 17. Jahrhundert war er der bedeutendste Hafen Nordeuropas. Da sich die Ems im Laufe der Zeit verlagerte und der Dollart seine Gestalt auf Grund von Sturmfluten veränderte, suchte der westlichste Seehafen Deutschlands ständig neue Standorte. Heute ist der alte Delft in der Innenstadt eher touristischer Mittelpunkt Emdens. Das eigentliche Hafenleben spielt sich zwischen der Stadt und dem Dollart ab. Umgeschlagen werden hauptsächlich PKW, Holz und Windkraftanlagen. Interessante Hafenecken ziehen sich bis zum Stadtteil Borssum hin.

20 Genießen
Emden

Wallanlagen

Emden war zum Leidwesen der ostfriesischen Häuptlinge immer eine unabhängige und sehr reiche Stadt. Um sie vor neidischen Eindringlingen zu schützen, bauten die Bürger ab dem 17. Jahrhundert einen Verteidigungswall mit mehreren Bastionen. Nie ist Emden von Feinden eingenommen worden. Der Wall ist heute ein traumhaftes Naherholungsgebiet. Etwa zwei Kilometer lang und 70 bis 170 Meter breit umschließt der Wall die nördliche Innenstadt. Drei Hügel zieren noch den Wall, auf denen Mühlen in verschiedenen Stadien des Verfalls zu besuchen sind. Auch die Kesselschleuse kann über den stillen, teils mit prächtiger Flora verwachsenen und mit Brücken verbundenen Spazierweg erreicht werden. Neben dem Rummel des quirligen Emden finden Sie hier die notwendige Ruhe, um sich hernach wieder ins Getümmel stürzen können.

21 **Entdecken**
Emden

Schiffskreuzung

Die Kesselschleuse ist einzigartig in ganz Europa. Sie verbindet vier Wasserläufe: den Ems-Jade-Kanal, das Fehntjer Tief, den Emder Stadtgraben und das Rote Siel, einen Ableger des innerstädtischen Falderndelfts. Gleichzeitig ist sie Schnittpunkt von vier Stadtteilen. Die 1887 gebaute Schleuse diente dem Binnenschiffsverkehr. Der 33 Meter im Durchschnitt messende Innenkessel wird von vier kleinen Kammern umlagert. In einer von ihnen kamen die Schiffe aus den verschiedenen Richtungen an, konnten dann im Kessel „gedreht" werden und fanden so ihre Ausfahrt. Heute wird die Schleuse fast ausschließlich von Sportbooten genutzt. Zusätzlich hilft sie, den Ems-Jade-Kanal zu entwässern, falls der überzulaufen droht.

Kesselschleuse
Kesselschleuse 3
26725 Emden
www.nlwkn.niedersachsen.de
(Stichwort Hochwasser- und Küstenschutz/Landeseigene Anlagen/Schleusen)

22 Entdecken Emden

Klein Faldern

Ein Hauch von Erinnerung an die alte Stadt aus der Vorkriegszeit ist in Klein Faldern erhalten geblieben. Bummeln Sie durch die Friedrich-Ebert-Straße, die Kranstraße, durchs Rosentief, durch die Mühlenstraße und die Faldernstraße. Selten kommen Touristen hierhin, obwohl die Wallanlagen gleich nebenan kreuzen. Sogar eine Gracht gibt es noch zu überqueren. Die meisten wurden beim Neuaufbau der Stadt zugeschüttet. Hier erinnern Stolpersteine an jüdische Familien, die deportiert wurden. Hier stand die Emder Synagoge. Und hier finden Sie auch das kleinste und verrückteste Haus der Stadt Emden. Mit dem wunderschönen Namen „La Liberté“.

23 Entdecken Emden

Vom Häuptlingssitz zum Studentenheim

Wie schön Emden vor der Bombardierung der Altstadt im September 1944 gewesen sein muss, erkennt man an den wenigen historischen Bauten, die erhalten geblieben sind. Dazu gehört unbedingt das Gödenser Haus. 1551 wurde es von der Häuptlingsfamilie von Oldersum und Gödens erbaut. Einer der späteren Eigentümer verkaufte es 1778 an die Königlich-Preußisch-Ostfriesische Kriegs- und Domänenkammer. Danach war es auch Gefängnis und Gericht. Heute dient das vorbildlich restaurierte Haus einem zivilen Zweck, es ist ein Studentenwohnheim.

Gödenser Haus
Friedrich-Ebert-Straße 1–3
26725 Emden

24 Entdecken
Emden

Emden von unten

Interessante Perspektive: Emden vom Wasser aus gesehen. Am Wasserturm in der Innenstadt können Sie Boote mieten und von den Grachten aus eine andere Sicht auf die Stadt bekommen. Spannend ist es, auch mal einen Blick in die Hinterhöfe und Gärten werfen zu können. Vor dem Zweiten Weltkrieg war Emden von unzähligen Grachten durchzogen und hatte mehr Brücken aufzuweisen als Venedig.

Bootsverleih „Am Wasserturm“
Außer Dem Beckhofstor
26721 Emden
T. 0170 442 23 10
www.bootsverleih-emden.de
Mo–Fr 14–18
Sa und So 11–18

25 Entdecken
Emden

Anregungen für Haus und Garten

Das Ökowerk Emden ist das erste Umweltbildungszentrum in Ostfriesland. Hinter dem komplizierten Namen verbirgt sich eine schöne Anlage, in der man viele Anregungen für den eigenen Haushalt bekommen kann. Ein herrlicher Spaziergang führt durch das große Gelände, Tipps für den eigenen Garten (wenn man einen hat) sind inklusive. Unbedingt hingehen!

Ökowerk Emden
Kaierweg 40a
26725 Emden
T. 04921 95 40 23
www.oekowerk-emden.de
Ganzjährig
Mo–Do 7–15.30 Uhr
Mai bis September 14–18

26 Erleben
Emden

Das Fest des feinen Salzherings

Ab dem 15. Jahrhundert wurde Emden reich mit Hering. Schon vor dem Reinheitsgebot für Bier (1516) wurde für den Fisch das Qualitätssiegel „Seegekehlt – Seegesalzen" eingeführt. 1969 siedelte die ostfriesische Heringsfischerei um nach Bremerhaven. Die Emder Matjestage jedes Jahr im Sommer erinnern an die alten Zeiten. Rund um den Ratsdelft in der Innenstadt dreht sich auch Dank der vor Ort angesiedelten fischveredelnden Betriebe alles um den Matjes. Ein großes Kulturprogramm begleitet das Fest.

Matjestage
www.matjestage.de

27 Genießen
Emden

Klasse-Filme am Rand der Welt

Statt auf dem roten Teppich treffen wir uns im engen Stadtcafé oder im VHS-Forum. Stars hautnah. Das Filmfest Emden-Norderney findet jährlich an acht Tagen im Mai und Juni statt und ist ein Treffen für Filmbekloppte. Vorwiegend laufen europäische Filme, zumal englische, die nie in die Programmkinos kommen, aber ihr Leben verändern werden. Die Begeisterung für Kino hat in Emden eine Adresse. Filme von Klasse am Rand der Welt! Buchen Sie früh!

Internationales Filmfest Emden-Norderney
An der Berufsschule 3
26721 Emden
T. 04921 91 55 35
www.filmfest-emden.de

Emden umzu

1 **Entdecken**
Emden umzu

Kultkneipe im Niemandsland

Auf halbem Weg zwischen Leer und Emden liegt an der Deichstraße an der Ems Rohrichum. Es hat eine komische Kirche, eine alte Pastorei, kleine Gässchen, eine Paddel- und Pedal-Station am Tief und einen direkten Zugang zum Emsdeich. Man kann also schön spazieren und viel gucken. Dann aber müssen Sie „bei Cassi“ rein. Mitten im Niemandsland ist Cassi zur Kultkneipe für Ostfriesen geworden. Jeder kennt Cassi. Vielleicht weil es hier noch echte ostfriesische Küche gibt? Snirtje, manchmal Updrögt Bohnen, Gröönkohl. Fragen Sie selbst. Und wenn Sie im Biergarten versacken – Taxi!

„bei Cassi“
Deichlandstraße 10
26802 Moormerland
T. 04924 2004
www.bei-cassi.de
Di–Fr 11.30–21.30 Uhr
Sa und So 10–21.30 Uhr

2 **Erleben**
Emden umzu

Gestauter Fluss

Weil die Ems nicht weiter vertieft werden konnte, musste sie aufgestaut werden, damit die Papenburger Meyer Werft ihre zu großen Kreuzfahrtschiffe durch den zu schmalen und flachen Fluss in die Nordsee überführen kann. Offiziell dient das Sperrwerk auch dem Hochwasserschutz. Mehrmals im Jahr wird die Ems zum Ärger von Naturschützern für die Werft aufgestaut. So werden auch Brutvögel ertränkt. Das Bauwerk zwischen Leer und Emden bei Gandersum kann besichtigt werden.

Emssperrwerk Gandersum
Am Sperrwerk 1
2802 Moormerland-Gandersum
T. 0491 919 696 20

www.nlwkn.niedersachsen.de (Stichwort Hochwasser- und Küstenschutz/Landeseigene Anlagen/Sperrwerke)
Führungen von Mitte Mai bis Mitte Oktober
jeden Samstag ab 15 Uhr
Individuelle Führungen auf Nachfrage

Hafenviertel Oldersum

Normalerweise rauscht man auf dem Weg von Leer nach Emden auf der Bundestraße hinter dem Deich durch Oldersum durch. Schade. Kurz vor der Ortseinfahrt sehen Sie das Gebäude der Freiwilligen Feuerwehr. Parken Sie hinter dem Gebäude und gehen Sie zu Fuß geradeaus durch das Hafenviertel. Ja, Oldersum hat einen Hafen, den Werfthafen der Diedrich Werft, und einen Sportboothafen. Das Viertel ist ein Schaufenster auf die Werft, in der die Fähren zu den Nordseeinseln repariert werden. Da ist immer was zu sehen. Kleine Arbeiterhäuschen säumen den Hafen. Nur wenige Touristen entdecken dieses Schmuckstück ostfriesischer Arbeiterkultur. Viele Infotafeln erklären die Geschichte des Dorfes und der Schifffahrt.

4 **Erleben**
Emden umzu

Taue, Seile, Tampen

Wenn Sie in Oldersum einen Halt einlegen, finden Sie in den verwinkelten Gassen neben der Durchgangsstraße die Alte Seilerei. Taue, Seile und Tampen waren in der Nähe der Häfen und Werften ein wichtiges Handelsprodukt. Außerdem hatte die Landwirtschaft ebenfalls einen nicht endenden Bedarf an Stricken.

Museum Alte Seilerei
Hinter der Bleiche 1
26802 Moormerland-Oldersum
T. 04924 485
www.heimatverein-oldersum.jimdo.com
1. April bis 15. Oktober
So 15–17 Uhr
Führungen nach Absprache

Ein Patz zum Träumen

Es gibt Orte, da fangen Geschichten, Märchen, Erlebnisse an. So wie Harry Potter durch die Wand des Bahnhofes in seine Fantasiewelt steigt, so verliert man in Anjas klitzekleinem Biergarten im Oldersumer Hafenviertel die Wirklichkeit. Direkt am Wasser, gegenüber der Werft, gibt es immer was zu gucken. Sie werden selbst zum Vogel, zum Schiff, zur Wolke, zur Welle... Die Heimfahrt ist allerdings kompliziert! Auto ja, aber einer muss nüchtern bleiben, Bus ist nicht. Also Fahrrad: nach Emden ca. zehn Kilometer, nach Leer ca. 16 Kilometer.

Anjas Biergarten
Sielstraße 10
26802 Moormerland-Oldersum
T. 0172 754 30 25
Fr 17–22 Uhr

Vogelrefugium an der Ems

Hier landen keine Tanker und Kreuzfahrtriesen an. Klein und verwunschen ist der Petkumer Hafen, für ein paar Fischkutter, Arbeitsschiffe und Sportboote. Vom Gandersumer Sperrwerk, das in der Nähe liegt, über den Hafen bis ins Stadtgebiet Emden reicht am Emsufer das Naturschutzgebiet Petkumer Deichvorland mit Brut- und Rastplätzen von vielen Wasser- und Watvögeln. Leider wird es wenig be-

achtet, geschweige denn als Naturschutzgebiet wirklich geschützt. Vom Deich am Petkumer Hafen aus kann man herrlich Säbelschnäbler, Gänse und Enten beobachten. Petkum ist der Emder Fähranleger der Fähre Ditzum–Petkum.

Fähranleger Petkum
Fährstraße
26725 Emden-Petkum

7 **Erleben**
Emden umzu

Der schiefe Turm von Suurhusen

Wie schief ist das denn? Im 13. Jahrhundert bekamen die Siedler in Suurhusen eine Kirche. Ihr Turm wurde auf Eichenpfählen gebaut. Als man durch Entwässerung den Grundwasserspiegel absenkte, wurden diese belüftet und verfaulten. Der Kirchturm senkte sich um 5,1939 Grad und ist damit schiefer als der Turm in Pisa.

Suurhuser Kirche
26759 Hinte-Suurhusen
www.suurhusen-marienwehr.reformiert.de
April bis Oktober Di, Mi, Fr, Sa 10–12 und 15.30–18 Uhr
Auf Anfrage kann die Kirche auch von November bis März besichtigt werden.
Anmeldung unter E-Mail kirchenfuehrung-suurhusen@gmx.de

8 Erleben

Emden umzu

Arbeiterleben vor 120 Jahren

Für die Landwirtschaft und den Deichbau wanderten seit Jahrhunderten unzählige Menschen an die Küste auf der Suche nach Arbeit. Oft lebten sie mit ihren Familien und einer Kuh oder Ziege auf engstem Raum in hygienisch bedenklichen Verhältnissen. Wenn diese kleinen Hütten nicht verfallen sind, werden sie heute oft zu schmucken Wohnsitzen umgebaut. Die Dorfgemeinschaft Suurhusen hat ein 1679 errichtetes Arbeiterhaus saniert und es auf den Lebensstand von etwa 1900 gebracht. Fotos und zahlreiche Ausstellungsstücke dokumentieren das Leben der Arbeiter in dieser Zeit.

Landarbeitermuseum Suurhusen
Smal Joed 5
26759 Hinte-Suurhusen
T. 04925 27 56 36
www.landarbeiter-museum.de
Mai bis Oktober So 15–17 Uhr

9 Genießen

Emden umzu

Häuptlingswohnsitz mit Café

Ein reizvoller Ort von besonderer Bedeutung ist das Baudenkmal Burg Groothusen in der Krummhörn. Seit über 500 Jahren ist sie der private Wohnsitz der alten Häuptlingsfamilie Kempe. Die hat ihre Residenz – teilweise – für die Öffentlichkeit geöffnet. Dorothea Kempe höchstselbst führt durch die Burg. Der Park ist ebenfalls zu besichtigen. Das Burgcafé lädt zur Erfrischung (oder zum Frühstück) ein. Bitte vorher anmelden.

Burg Groothusen
An der Osterburg 1
26736 Krummhörn-Groothusen
T. 04923 80 54 68
www.osterburg-groothusen.de

Burgcafé Osterburg
T. 04923 92 75 23
Mo–So 12–21 Uhr

10 Entdecken
Emden umzu

Alte Handwerkskunst

Der dreistöckige Galerieholländer bestimmt mit seiner Wucht das Ortsbild des Krummhörner Dorfes Pewsum. Der Heimatverein betreut die Mühle als Museum mit einer umfangreichen Sammlung landwirtschaftlicher Handwerkzeuge vergangener Jahrhunderte. Das danebenliegende Gulfhaus ist für kulturelle Aktivitäten umgestaltet worden.

Mühlenmuseum Pewsum

Manningastraße/Ecke Möhlenhörn
26736 Krummhörn-Pewsum
T. 04923 7432
www.heimatverein-krummhoern.de

11 Entdecken
Emden umzu

Deutschlands erste Frauenärztin

Neben der alten Manningaburg in Pewsum steht die „Neue Burg". Es ist das Geburtshaus von Hermine Heusler-Edenhuizen (1872–1955). Sie war die erste anerkannte niedergelassene Frauenärztin Deutschlands und praktizierte in Berlin. Um überhaupt studieren zu können, musste sie vor jeder Vorlesung die Erlaubnis des jeweiligen Professors einholen. Frau Heusler-Edenhuizen war auch eine bekannte Frauenrechtlerin.

Geburtshaus Hermine Heusler-Edenhuizen

Neue Burg
Drostenplatz
26736 Krummhörn-Pewsum

12 **Entdecken**
Emden umzu

Frühstücken wie ein Häuptling

Legendär sind im Mittelalter die Frühstücke der Häuptlingsfamilie Manninga. Im ersten Tageslicht mussten die Knechte einen großen Kessel mit Bohntjesup aufsetzen. Das sind in Weinbrand eingelegte Rosinen. Na denn... Nach vielen Umbauten und Abrissen befindet sich die von einer breiten Graft (Graben) umgebene Burg ungefähr im Bauzustand von 1800. In ihren Gemäuern ist ein Museum über die ostfriesische Häuptlingsgeschichte sowie die des Burgenbaus und des Groningerlandes untergebracht.

Manningaburg Pewsum
Drostenplatz
26736 Krummhörn-Pewsum
T. 04923 91 01 14

13 Genießen
Emden umzu

Der Binnenfischer serviert

Mit dem Titel „Geheimtipp“ muss man sehr vorsichtig sein. Aber auf Fischer Endjer trifft er zu. Endjers sind die letzten professionellen Binnenfischer Ostfrieslands. Gut, hinter dem Haus haben sie auch Zuchttanks, sonst gäbe es ihren berühmten Brataal nicht. Der wird im Restaurant in dem wunderbar zurechtgemachten Gulfhof serviert. Auch andere Edelfische wie Zander schaffen es auf den Teller. Frisch, frisch Fisch!

Endjer's Landhaus
Schwagerweg 2
26725 Emden
T. 04921 266 94
Di–So 11–21 Uhr

14 Genießen
Emden umzu

Sauna im Holzfass

Direkt am Großen Meer in Südbrookmerland steht neben der Tourismuszentrale ein knallrotes, großes Holzfass. Urig, gemütlich, entspannend: Das Fass ist eine Sauna. Saunameisterin Monika begrüßt sie freundlich und weist Sie gerne in die Geheimnisse der Finnischen Sauna ein. Im Außengarten kann man zwischen den heißen Gängen wunderbar ausruhen.

Sauna am Großen Meer
Am Gästehafen 1
26624 Südbrookmerland
T. 04941 20 47 20 00 (Touristik Info)
T. 04942 20 47 20 31 (Sauna)
www.grossesmeer.de
Di–Sa 17–21 Uhr (Einlass bis 19.30 Uhr)
Di Frauentag

15 Entdecken
Emden umzu

Meer im Binnenland

Der größte Binnensee Ostfrieslands ist Ziel eines harten Tourismus. Aber kaum verlassen Sie den Grünwiesenbadestrand, sind Sie allein. Der See ist nicht tief, knapp zwei Meter, trotzdem ist er ein Ferienparadies. Ferienhäuschen, Campingplatz und Wassersport ohne Ende. Spaziergänge, wandern und Rad fahren entlasten den Hotspot. An der Küste sind Sie in einer halben Stunde. Nach Emden, Aurich oder Leer dauert es nicht länger, es sei denn, Sie gönnen sich eine Radtour. Die leitet Sie durch wunderschöne Landschaften!

Großes Meer

www.grossesmeer.de

16 Entdecken
Emden umzu

Ein Stück ehrliches Ostfriesland

Rund um das Große Meer im Südbrookmerland führt Sie der 3-Meere-Weg durch Marsch, Moor und Weiden. Er ist 15 Kilometer lang. Man kann ihn mit dem Rad abfahren oder wandern. An vielen Stellen informieren Tafeln über Besonderheiten der Region. Das Wichtigste: Sie erleben ein Stück ehrliches Ostfriesland. Achtung: Verpflegung mitnehmen. 15 Kilometer Einsamkeit. Dann, am Großen Meer, wieder Rummel. Im Winter für Romantiker ein Traum.

3-Meere-Weg

www.ostfriesland.de
www.grossesmeer.de

17 Entdecken
Emden umzu

Technischer Wandel in der Landwirtschaft

Was hat das Dorf Campen geackert (im direkten Wortsinn), um sein Landwirtschaftsmuseum auf die Beine zu stellen. Jetzt lässt es mit alten Maschinen und einer Traktorensammlung die Herzen technikbegeisterter Männer höher schlagen. Dabei liegt der Schwerpunkt des Museums auf dem technischen Wandel in der Landwirtschaft zwischen 1850 und 1950. Die schwere Handarbeit hatten meist Frauen zu wuppen.

Ostfriesisches Landwirtschaftsmuseum Campen

Krummhörnerstraße
26736 Krummhörn – Campen
T. 04927 93 95 23
www.olmc.de
Di–So 11–17 Uhr

18 Entdecken
Emden umzu

Knock

Die Landzunge in die Einsamkeit ist knapp 15 Kilometer von Emden entfernt, am westlichen Rand der Krummhörn. Zu Urzeiten soll das Emder Ufer mit dem Rheiderland verbunden gewesen sein. An der Knock verlässt man die Zivilisation und ist mit sich, der Emsmündung, den vorbeigleitenden Pötten und dem Horizont allein. Eine Radarstation bewacht den Schiffsverkehr und eine Gasraffinerie ragt surrealistisch in den Himmel. An der Landungsbrücke der AG Ems (Fähre nach Borkum und Delfzjil) trifft man wieder auf Menschen und ein Restaurant. Vor der Landungsbrücke bitte nicht baden: Lebensgefahr.

Norden

1 Entdecken
Norden

Die Zwillinge kennenlernen

Norden und Norddeich sind Zwillinge, die durch eine ca. drei Kilometer lange Bundesstraße getrennt sind. Aber man sollte schon über den Zaun, von der Stadt in ihren Teil am Meer schauen und umgekehrt. Themenorientierte, kundige Führungen erzählen von geschichtsträchtigen Orten, interessanten Biografien bedeutender Norder und Norddeicher Bürgerinnen und Bürger (Frauenorte) und kriminellen Begebenheiten. Selbstverständlich können Sie auch auf den Spuren des Norder Krimibestsellerautors Klaus-Peter Wolf wandeln.

Stadt Norden Tourismusinformation
Dörper Weg 22
26506 Norden
T. 04931 986 200 2005

2 Genießen
Norden

Baden mit Frieseneis

Das Leben kann so einfach sein: Sonne, Strand, Meer, Eis! Direkt hinter dem Strand am Deich gibt es das beste Eis der Welt. Knuspriger Krokant, Sanddorn, Eierpunsch, Vanilllllle!!! Etwas teurer die Kugel, dafür gibt es wahlweise was oberdrauf: Karamellisierte Zwetschken, Heidelbeerkompott, Salziges Karamell und mehr. Das alles in einer leckeren, frischen Waffeltüte. Mehr muss eigentlich nicht sein, oder? Doch, das Eis bei Sonne draußen in der Meeresbrise schlecken …

Frieseneis
Badestraße 3
26506 Norden
T. 0421 5170 55 88
www.frieseneis.de
Di–So 11–20 Uhr
Mo geschlossen
Winterpause von 13.11. bis 25.12. und 08.01. bis 09.02.

3 Entdecken
Norden

Kirchenschatz mit Arp-Schnitger-Orgel

Unter den Kirchen Ostfrieslands ist die romanisch-gotische Ludgerikirche auf dem Marktplatz in Norden ein besonderer Schatz. Sie stammt aus dem 13. Jahrhundert und ist der größte mittelalterliche Sakralbau in Ostfriesland. Der getrennt stehende Glockenturm beherbergt ein Glockenspiel. Die Kirche selbst besitzt mit dem Altar, dem Taufbecken und einer Arp-Schnitger-Orgel einzigartige Kunstwerke. Öffnungszeiten bitte in der Gemeinde erfragen.

Ludgerikirche
Am Markt 37
26506 Norden
T. 04931 132 77
www.norden-ludgeri.de

4 Entdecken
Norden

Gelungene Architektur

Es ist krass, eine Fußgängerzone als Erlebnis zu empfehlen. In Norden wurde, wie in jeder Stadt Ostfrieslands in den 1960er- und 1970er-Jahren, heftig saniert. Das hieß in der Regel Abriss und Bau von Durchgangsstraßen zur Küste. Norden hinkte allerdings etwas hinterher, und daher erfolgte hier eine sensible Restaurierung der Innenstadt. Die Fußgängerzone (Neuer Weg) ist ein Zusammenspiel von Altstadt und gelungener neuer, integrierter Architektur. Es macht Spaß, hier zu bummeln. Übrigens gibt es auch tolle Cafés.

Fußgängerzone
Neuer Weg
26506 Norden

5 **Erleben**
Norden

Kultur des Teetrinkens

Im „Alten Rathaus", einem schmucken Bau aus dem 16. Jahrhundert am Markt, lädt das Norder Heimat- und Teemuseum zu einem Bummel durch die Stadthistorie und die Geschichte der ostfriesischen Teekultur ein. Das Norder Museum ist das erste Spezialmuseum dieser Art und zusammen mit dem Leeraner Teemuseum und einer Norder Privatsammlung auch das einzige in Deutschland.

Ostfriesisches Teemuseum
Altes Rathaus
Am Markt 36
26506 Norden
T. 04931 121 00
www.teemuseum.de
Mai bis Oktober Mo–So 10–17 Uhr, März und April Di–So 10–17 Uhr, November bis Februar Mi und Sa 11–16 Uhr

Erleben
Norden

Übersee- und Küstenfunk

Das Museum ist ein Kleinod im Bereich Technikgeschichte. Kein Handy, kein Computer, kein Internet – jahrzehntelang wurden Nachrichten gefunkt und gemorst. Im historischen Speicher im Herzen Nordens sind über 95 Prozent der noch funktionsfähigen technischen Installationen aufgebaut, mit denen ab 1907 bis vor einigen Jahren im heutigen Stadtteil Norddeich gleich hinter dem Nordseedeich Schiffe auf der ganzen Welt angepiepst wurden. Legendär sind die Weihnachtsgrüße des NDR von Norddeich Radio aus auf alle Meere der Welt. Hinter dem Speicher steht der moderne Fernsehturm. In seinem Keller landen die aktuellen Atlantikkabel aus Übersee an.

Museum Norddeich Radio e.V.
Osterstraße 11a
26506 Norden
T 04931 97 33 30 81
www.norddeich-radio.de
Di, Fr 16–18 Uhr, Sa 11–17 Uhr

7 Genießen
Norden

Wohlfühlkneipe

Seit 100 Jahren wird in diesem Norder Haus am Markt Gastronomie betrieben. Dem Hotel merkt man das nicht an, seine Zimmer sind modern. Aber in der Kneipe, da fühlt man sich ein wenig wie in alten Zeiten – und sehr wohl. Für den kleinen Hunger gibt es Frikadellen und Brote.

Zur Post
Am Markt 3
26506 Norden
T. 04931 2787
www.hotel-zur-post-norden.de

8 Genießen
Norden

Es gibt auch Kaffee!

Ostfriesland ist Tee? Eigentlich! Aber in den letzten Jahren haben in einigen Städten auch Kaffeemanufakturen eine weitere Tradition in Ostfriesland aufgegriffen. Kaffee wurde hier schon im 18. Jahrhundert geröstet. Handelsunternehmen schickten ihre Vertreter per Boot in die Dörfer und lehrten die Menschen, Kaffee aufzubrühen. Jetzt wissen Ostfriesen, wie es geht. Die Norder Kaffeemanufaktur weiß es auf jeden Fall. Der Espresso ist zwar nicht ostfriesisch. Aber was heißt das schon. Auch Ostfriesen genießen!

Norder Kaffeemanufaktur
Doornkaatstraße 13-15
26506 Norden
T. 04931 955 16 45
www.norder-kaffee.de
Di–Fr 9.30–17.30 Uhr
Sa 9.30–16 Uhr
1. November–31. März
Mi–Fr 9.30–17.30 Uhr
Sa 9.30–14 Uhr

9 Entdecken
Norden

Renaissance in Muschelkalk

Eines der schönsten Häuser Ostfrieslands steht in der Norder Osterstraße. Natürlich ist es nicht das einzige ansehnliche Gebäude der Region, aber doch etwas Besonderes. Es wurde im 16. Jahrhundert gebaut, äußerlich unverändert erhalten und zeigt den Einfluss der niederländischen Renaissance in Ostfriesland. Das Haus wurde noch mit Muschelkalk gebaut, ein Material, das in Ostfriesland sogar zu einem Exportschlager wurde.

Schöninghsches Haus
Osterstraße 5
26506 Norden

10 Entdecken
Norden

Forum für zeitgenössische Kunst

Auf Initiative der Künstlerin und Pädagogin Hildegard Peters wurde vor mehr als 40 Jahren eines der ersten Kunsthäuser Ostfrieslands in Norden gegründet. Man präsentierte aktuelle Kunst und Werke der klassischen Moderne. Hildegard Peters organisierte Workshops und lud zu Kunstreisen ein. Das Kunsthaus Norden ist fester Bestandteil des ostfriesischen Kulturlebens und weit über die Landesgrenzen bekannt. Acht Ausstellungen pro Jahr stellt der Kunstverein e.V. zusammen.

Kunsthaus Norden
Große Neustraße 13
26506 Norden
T. 4931 151 40
www.kunstverein-norden.de
Di–Fr 15–18 Uhr, Sa–So 11–13 Uhr

11 Erleben
Norden

Partyzentrale

Gegenüber dem Heimatmuseum, am Markt in der Innenstadt, hat in einem uralten Eckhaus die Alte Backstube ihr Domizil. Das Schild „Kleinkunst“ trifft nicht so ganz. Veranstaltungen in der Gastwirtschaft sind in der Regel Partys. Aber da geht es dann auch ab. Schön ist im Sommer der Biergarten. Hier kann man, vom Feiern müde, frische Luft schnappen.

Alte Backstube
Westerstraße 96
26506 Norden
T. 04931 143 75
www.alte-backstube-norden.de
Di–Fr 18–24 Uhr
Sa 18–2 Uhr
So 10.30–14 und 18–24 Uhr

12 Genießen
Norden

Köstlicher Kuchen

Seit 1794 wird in dem schmalen Haus im Neuen Weg gebacken. Seit mehr als 100 Jahren gehört das Café der Familie Remmers. Kuchen, Pralinen, Frühstücksbuffet und kleine Gerichte werden serviert. Ein Besuch ist köstlich!

Café Remmers
Neuer Weg 28
26506 Norden
T. 04931 2462
www.cafe-remmers.de
Mo–Fr 9.30–17.30 Uhr
Sa 9–17 Uhr, So 10–17.30 Uhr

13 Genießen
Norden

Italiener im Zollhaus

Das Restaurant im alten Zollhaus schmiegt sich ans Norder Tief am alten Hafen. Obwohl hier die Ortseinfahrt verläuft, bleibt es auf der Terrasse relativ ruhig und man kann sich ganz dem Genuss hingeben. Gute italienische Küche zu annehmbaren Preisen.

da Sergio
Am Hafen 1
26506 Norden
T. 04931 959 84 04
www.dasergio-norden.de
tgl. 12–14.30 und 17.30–22.30 Uhr,
Di geschlossen

14 Genießen
Norden

Lebenselixier der Ostfriesen

Tee ist in Ostfriesland ein Lebenselixier. Jede Stadt hat ihre eigene Teemarke, die teils nach jahrhundertealter Tradition gemischt wird. Jede schmeckt irgendwie eigen – sagen die ostfriesischen Teeenthusiasten. In der Teemanufaktur in Norden können Sie sich davon überzeugen.

Die Teemanufaktur
Neuer Weg 100
26506 Norden
www.die-teemanufaktur.de
Mo-Fr 10–18 Uhr, Sa 10–14 Uhr

15 Entdecken
Norden

Alles Müller

Ostfriesland ohne Mühlen ist wie Topf ohne Deckel. Ein sehr schöner Galerieholländer steht in der Ausfallstraße aus Norden, der Alleestraße. Wie viele andere Mühlen auch, wird er betrieben von einem sehr engagierten, privaten Verein. Die Westergaster Mühle bietet eine Art rundum Programm: Kulturelle Veranstaltungen, Café, Biergarten unter märchenhaften Apfelbäumen, Hofgarten und nicht zu vergessen die Backtage! Hier kann man sein Brot backen und es später abholen. Oder sich die Zeit bei einem köstlichen Blechkuchen vertreiben. Da die Öffnungszeiten variieren ist es ratsam, sich vor einem Besuch danach zu erkundigen.

Westergaster Mühle
Alleestraße 65
26506 Norden
T. 0431 145 27
info@westergaster-muehle.com
www.westergaster-muehle.com

16 Erleben
Norden

Ostfriesland auf Schienen erfahren

Bis die Eisenbahn das isoliert in Marsch und Moor gelegene Ostfriesland erschloss, dauerte es fast ein halbes Jahrhundert. 1854 wurde die Teilstrecke Emden – Leer – Papenburg eröffnet. Später kam unter anderem die Nebenstrecke Emden – Wittmund hinzu. Das Teilstück von Norden nach Dornum dieser lange stillgelegten Linie wird heute von einem Verein als Museumsbahn betrieben.

Küstenbahn Ostfriesland
MKO e.V.
Am Bahndamm 4
26 506 Norden
Events und Fahrpläne unter
www.mkoev.de

Norden umzu

1 **Entdecken**
Norden umzu

Der Turm des Störtebeker

War er nun da oder nicht? Laut Legende soll der Likedeeler (Pirat) Klaus Störtebeker Unterschlupf im Turm der Marienkirche in Marienhafe gefunden haben. Das Kupferdach des Kirchturmes soll in der Sonne golden geleuchtet haben. So diente es Seeleuten als Leuchtzeichen. Möglich wäre es, denn im Mittelalter hatte der Ort tatsächlich einen schmalen Zugang zum Meer. Die Marienkirche war zu jener Zeit eines der größten Gebäude an der Nordseeküste. Die Kirche ist einen Besuch wert, und den Turm kann man erklimmen. In der Turmkammer lagern einige teilweise ergötzliche Skulpturen, die ehemals zu Hunderten die Kirche als Relief säumten.

Kirche Marienhafe
Am Markt 20
26529 Marienhafe
Kirche: T. 04934 374
Turm: T. 0175 4885259
www.stoertebekerland.de
April bis September Di–Sa 10–12 und 14–17 Uhr, So 14–17 Uhr
Oktober Di–So 14–17 Uhr
Winter nur nach Anmeldung

Birgits Tiergarten
Tannenstraße 18
26529 Rechtsupweg
T. 04934 1341
www.birgits-tiergarten.de
März bis Oktober tgl. 10–18 Uhr
November bis Februar Fr–Sa 10–17 Uhr

2 Erleben
Norden umzu

Nutztiere zum Streicheln

Es ist schon etwas abenteuerlich, im landwirtschaftlich orientierten Ostfriesland einen Tiergarten mit Nutztieren zu eröffnen. Aber Birgit Philipps hat es gemacht und gerade für kleinere Kinder ist der in die Jahre gekommene Garten eine Attraktion. Hier können sie mit Hühnern um die Wette rennen, sich vor Enten- und Gänseschnäbeln hüten, Schafen ins Fell wuscheln, Ziegen streicheln und mit dem Esel um die Wette „iaahh" brüllen. Am Eingang können Besucher „richtiges" Futter kaufen, dann darf auch gefüttert werden. Schön ist ein Spielplatz im Zentrum des Gartens. Da muss dann auch mal der Pfau von der Wippe gescheucht werden. (Unbedingt in Alltagskleidung den Garten besuchen).

3 Erleben
Norden umzu

Brettern und Röhren

Es soll Menschen geben, die kommen nach Ostfriesland der Ruhe und der guten Luft wegen. Das alles finden Sie hier nicht. Denn es scheppert, brummt, kachelt, kracht und röhrt. Die Hauptsache auf dem „Autospielplatz", der Kartbahn im Brookmerland, ist natürlich das Brettern auf der Rennstrecke. Glücklicherweise sind die Kurse für Erwachsene und Kinder getrennt. Da geht generationsgerecht was ab. Aber es gibt auch für Nicht-Schumis genug Beschäftigungsmöglichkeiten. Planen Sie mindestens einen halben Tag ein – je nach nervösem Bleifuß.

Kartbahn Brookmerland
Hansestraße 23
26529 Upgant-Schott
T. 04934 49 87 00
www.kartbahn-ostfriesland.de
Mo geschlossen, Di–So 11–18.30 Uhr
Im Winter eingeschränkte Öffnungszeiten

4 Erleben
Norden umzu

Knattern im Schlamm

Es knattert, stinkt nach Benzin, lärmt und ist schlammig. Motocross. Der Motorclub Halbemond hat es geschafft, in der Provinz große Motorrad Crossrennen zu organisieren. Sie waren einmal Weltklasse. Das riesige Gelände wird auch für Konzerte und andere Events genutzt. Wer selbst in die Pedale steigen möchte und echten Sandkontakt sucht, kann dies auf der Crossstrecke zu besonderen Öffnungszeiten tun.

Motodrom Halbemond
MCV Halbemond
Hauptstraße 120
26524 Hage-Halbemond
T. 04931 97 114 92
www.mcv-halbemond.de
Öffnungszeiten für Selbstfahrer:
Mi–Sa 10–13 und 15–18 Uhr

5 Erleben
Norden umzu

Rettung für Heuler

Auf private Initiative Norder Jäger wurde 1971 die Seehundstation in Norddeich eröffnet. Verwaiste Jungtiere (Heuler) sollten hier aufgepäppelt und wieder ausgewildert werden. Außerdem wollten die Initiatoren Verhalten und Lebensraum der größten Raubtiere Deutschlands erforschen. Heute ist die Station eines der größten Nationalpark-Häuser der Norddeutschen Küste. Neben Ausstellungen zu verschiedenen maritimen Themen gibt es ein Panoramabecken, in dem man die Heuler beobachten und ihre Fütterung erleben kann.

Seehundstation
Dörper Weg 24
26506 Norden-Norddeich
T. 04931 97 33 30
www.seehundstation-norddeich.de
tgl. 10–17 Uhr

Erleben
Norden umzu

Pottwalskelett
Das Waloseum ist die kleine Schwester der Seehundstation. Es liegt fünf Kilometer von ihr entfernt im Ortsteil Osterloog. In einem Gebäude der ehemaligen Schiffsfunkstelle Norddeich Radio ist das 15 Meter lange Skelett eines Pottwalbullen, der 2003 vor Norderney strandete, zu bewundern. Neben maritimen Informationen und Aquarien ist die Vogelwelt der Nordseeküste Thema. In der Quarantänestation sind meistens auch die ersten Heuler anzutreffen.

Waloseum
Osterloogerweg 3
26506 Norden-Osterloog
T. 04931 97 33 30
www.seehundstation-norddeich.de
Mitte März bis Oktober tgl. 10–17 Uhr

7 Entdecken
Norden umzu

Old- und Youngtimer

Angefangen hat es mit einer Sammlung von Oldtimern. Jetzt hat sich der Gulfhof vor den Toren Nordens zu einem veritablen Museum entwickelt. Mit spektakulären Autos, viel Spielzeug und einer ruhigen Gastwirtschaft mit Terrasse und Biergarten. Der Autobogen als Eingang hat einen berühmten Nebenbuhler – die riesige Doornkaatflasche. Die war lange Jahrzehnte das Wahrzeichen der Schnapsfabrik in der Stadt. Auto und Schnaps? Nur gucken!

Auto- und Spielzeugmuseum
Ostermarscher Straße 29
26506 Norden
T. 04931 918 79 11
www.automuseum-nordsee.de
April–6. November 10–18 Uhr
7. November–März Sa, So, Feiertags u. in den Ferien 11–17 Uhr

8 Erleben
Norden umzu

Wellness und Wellen

Hinter dem Deich wartet die überdachte Nordsee! Das Wellnessbad Ocean Wave in Norddeich grüßt schon von weitem mit seinem roten Leuchtturm. Der muss vom Badedeck aus erklommen werden, wenn man die 101 Meter lange Rutsche ins Auffangbad runtersausen möchte. Der Badebereich ist ein Wellenbad, in dem Sie im Zeittakt durchgeschüttelt werden oder in dem Sie sich sanft über die Wogen gleiten lassen können. Sauna und Dampfbad sowie Wellnessangebote gibt es gegen Extragebühren.

Ocean Wave
Dörper Weg 23
26506 Norden-Norddeich
T. 04931 98 63 00
www.ocean-wave.de
tgl. 10–22 Uhr

Entdecken
Norden umzu

Ab ins Watt mit Kids

Die Wundertüte Wattenmeer ist ein unglaubliches Erlebnis. Es ist die Kinderstube des Meeres. Im Wattboden leben auf einem Quadratmeter Tausende von Schnecken, Würmern, Algen. Eine abenteuerliche Entdeckungstour wartet auf neugierige Kinder. Da eine Wattwanderung für die Kleinen zu anstrengend und zu gefährlich ist, bietet das Nationalparkhaus Norddeich spezielle Führungen für Kinder an (ca. anderthalb Stunden). Mit den Füßen im Schlick und mit den Händen in Pfützen lernen sie, das Watt zu lesen.

Wattführungen für Kinder
Nationalparkhaus Norddeich
Dörper Weg 23
26506 Norden-Norddeich
T. 04931 8919
www.nationalparkhaus-wattenmeer.de/nationalpark-haus-norddeich

10 **Entdecken**
Norden umzu

Mit Wasser spielen

Man ist ja dankbar, wenn in Touristenzentren auch kostenloser Service geboten wird. Im Wassererlebnispark mit Spielplatz und Spielhalle in Norddeich ist das so. Und der ist erste Sahne! Hinter dem Erlebnisbad Ocean Wave gibt es im schönen Park an vielen Stationen Spielelemente, die mit Wasser zu tun haben. Spektakulär für Kinder sind die beiden Fähren, die man selbst über einen Teich ziehen kann.

Wassererlebnispark Norddeich
Dörper Weg
26506 Norden-Norddeich

11 Erleben
Norden umzu

Bi Meta

Meta Rogall war die Mutter der Musik in Ostfriesland. 1960 eröffnete sie die „Milchbar" in ihrer Norddeicher Pension „Waterkant". Sie engagierte Bands aus den Niederlanden, London und Hamburg. Schnell wurde „Bi Meta", wie der Treff im Jargon hieß, zu einem Zentrum der Norddeutschen Jugendkultur. Später wandelte Meta ihren Schuppen in eine Disco um und erhöhte so noch die Attraktivität des Ladens. Leider verstarb Meta Rogall 1994, aber ihr Sohn Sven führt „Metas Musikschuppen" erfolgreich weiter. Also: Partytime in Norddeich!

Metas Musikschuppen
Deichstraße10
26506 Norden-Norddeich
Haus Waterkant
T. 04931 8569
www.metas-musikschuppen.de
Fr–Sa ab 22 Uhr

12 Genießen
Norden umzu

Kult-Bäcker

Viele Geschäfte in kleinen Dörfern haben dicht gemacht. Der Bäcker in Woltzeten hatte neu aufgemacht und ist schon Kult geworden. Mitten in der Einsamkeit der Krummhörn bietet er herrliche Kuchen und auch alte Brotsorten an. Trotz aller Tradition im Umfeld, der Bäcker nimmt auch Online-Bestellungen entgegen. Und wer schon mal hier ist, der kann gerne mal durch die Gegend stromern.

Warf Bäckerei
Dorfgasse 1
26736 Krummhörn-Woltzeten
T. 04923 805 84 83
www.warf-baeckerei.de
Do 10–18 Uhr
Fr 6.30–18 Uhr
Sa 6.30–12 Uhr

13 Erleben
Norden umzu

Hilgenriedersiel

In Tourismusregionen sollte man mit „Geheimtipps" vorsichtig sein. Aber Hilgenriedersiel ist so einer. Von Norddeich entlang der Küstenstraße Richtung Dornumersiel trifft man auf diesen verlorenen Flecken. Über den Deichübergang durch die Salzwiesen gelangt man vis-à-vis von Norderney an eine Badestelle – bei Flut. Bei Ebbe muss man sich mit einem ufernahen (!) Spaziergang im Watt begnügen.

14 Entdecken
Norden umzu

Neuharlingersiel

Von den Küstenhäfen bis zu den Inseln ist Ostfriesland von Mai bis September Tourismusgebiet. Trotzdem haben einige Häfen einen besonderen Charme bewahrt. Zum Beispiel Neuharlingersiel. Es liegt an der Küstenstraße zwischen Norddeich und Harlesiel. Im Heimathafen „echter" Fischer kann man frischen Fisch und Krabben bei Ankunft der Kutter direkt von Bord kaufen. Gemütliche Cafés und Teestuben und Restaurants säumen die Kaimauern. Hier gibt es immer was zu entdecken.

15 Entdecken
Norden umzu

Schiffe in Flaschen

Der Neuharlinger Hafen ist schnuckelig und Heimat zahlreicher Fischer. Aber dass Neuharlingersiel auch ein „Welthafen“ für historische Frachter, Segler, Kriegsschiffe und U-Boote ist, wissen die wenigsten. Im Buddelschiffmuseum, fast versteckt neben dem Hafenaufgang, liegen über 100 Schiffe an der Leine. Genauer: Sie liegen in der Flasche. Normale Weinpullen oder 60-Liter- Ballons, überall sind die Schiffe durch kleine Öffnungen ins Glas gefriemelt worden. Prunkstück ist der Untergang der Titanic.

Buddelschiffmuseum Neuharlingersiel
Johann Remmers Mammen Weg
26427 Neuharlingersiel
T. 04974 224
www.buddelschiffmuseum.de
Di–Do 14–16 und Fr 10–12 Uhr

16 Entdecken
Norden umzu

Leybucht

Neben Dollart und Jadebusen war die Leybucht die dritte große „Kerbe“ in der ostfriesischen Küste. War – denn in den 1980er Jahren wurde sie weitgehend eingedeicht und trockengelegt, um den Greetsieler Hafen vor Überschwemmungen zu schützen. Damit ging ein bedeutendes Naturschutzgebiet verloren. Teile der heutigen Leybucht gehören immerhin zum Nationalpark Wattenmeer. Und hier kann man den Wappenvogel der Krummhörn, den Säbelschnäbler, beobachten. Trotz der Zerstörung ist die Küste zwischen Greetsiel und dem Leybuchtsiel eine lohnende Wander- und Radfahrstrecke.

17 Entdecken
Norden umzu

Bei Grafens

Graf und Gräfin zu Inn- und Kniphausen führen ihren Hof im Wasserschloss Lütetsburg zwischen Norden und Hage. Umzu liegt der Schlosspark, der größte private englische Landschaftspark Norddeutschlands. Gegen einen geringen Obolus können Sie sich an über 150 liebevoll gepflegten Baum- und Straucharten erfreuen. Besonders beeindruckend ist die üppige Rhododendron- und Azaleenblüte im Frühjahr. Bestaunt werden können über 90 verschiedene, viele von ihnen besonders seltene Arten. Aber das wirklich „Besondere" dieser Bestände ist, dass sie in Alter und dementsprechend in ihrer Größe in Deutschland ihresgleichen suchen. Ein entspannter Genuss für die Augen. Genuss für den Gaumen gibt's im Schlosscafé.

Schlosspark Lütetsburg
Landstraße 55
26564 Lütetsburg
T. 04931 4254
www.schlosspark-luetetsburg.de
Mai bis September 8–21 Uhr
Oktober bis April 10–17 Uhr
Führungen werden auf Wunsch organisiert.

18 **Entdecken**
Norden umzu

Ein ganz besonderes Schulgebäude

Die Herrlichkeit Dornum ist ein kleines 1100-Seelen-Dorf mit großer Geschichte. Die manifestiert sich in zahlreichen beeindruckenden Bauten. Das barocke Wasserschloss Norderburg ist eines davon. Im 14. Jahrhundert wurde das erste Gebäude errichtet und im 17. Jahrhundert ausgebaut. In dem herrschaftlichen Gemäuer residiert eine Realschule, deswegen sind Stall und Vorburg nur zu bestimmten Zeiten und während Führungen frei egeben.

Wasserschloss Norderburg
Schlossstraße 3
26553 Dornum
T. 04933 911 10
www.dornum.de
Der Schlossplatz (Vorburg) kann Mo–Do ab 15.30 Uhr, Fr ab 13.30 Uhr und am Wochenende und in den Niedersachsen-Ferien ganztägig besichtigt werden.

19 Genießen

Norden umzu

Hotel in der Häuptlingsburg

Die Häuptlingsfamilie Beninga hat ab dem 14. Jahrhundert weit über Dornum hinaus ostfriesische Geschichte mitbestimmt. Für den kleinen Ort ist die Burg sehr mächtig und bezeugt die Bedeutung des Häuptlingsgeschlechts. Heute sind in der Burg ein Hotel, eine urige Burgkellerkneipe und ein Restaurant untergebracht. Im Ahnensaal hängen Porträts der Häuptlingsfamilien.

Beningaburg
Beningalohne 2
26553 Dornum
T. 04933 992 68 10
Ostern bis Oktober tgl. 11.30–21.30 Uhr
Winterhalbjahr Mo–Fr: ab 18 Uhr, Sa–So 11.30–21.30 Uhr

20 Erleben
Norden umzu

Pogrom überstanden

Mitten am Dorfplatz steht in Dornum die ehemalige Synagoge der jüdischen Gemeinde. Ihre Ursprünge reichen Hunderte Jahre zurück. Vermutet wird, dass die Nationalsozialisten der Region sich wegen der Enge der Bebauung nicht trauten, das Gebäude niederzubrennen. Sie beließen es dabei, Scheiben einzuschlagen. Deswegen ist das Gotteshaus, neben dem in Neustadtgödens, die einzig erhaltene Synagoge der Region. 1992 wurde in ihr eine Gedenkstätte eingerichtet. Sie dokumentiert jüdisches Leben, jüdische Kultur und informiert über die jüdische Religion.

Synagoge Dornum
Kirchstraße 6
26553 Dornum
T. 04933 342
www.synagoge-dornum.de
Fr–So 15–18 Uhr

21 Entdecken
Norden umzu

Gewebt wie früher

Fiefschaft ist eine legendäre ostfriesische Art, Leinen zu weben. Man muss ein Händchen dafür haben, und nur wenige Menschen beherrschen dieses alte ostfriesische Handwerk. Wieder belebt hat es Irene Steffens. In Dornum betreibt sie mit ihren Freundinnen einen Laden, der mit original handwerklichen Webstoffen bestückt ist. Der Laden ist eine Fundkiste für Schals, Kleider, Stoffe und andere Textilien. Nirgendwo auf der Welt (nur noch in der Blaudruckwerkstatt in Jever) werden Sie solch typische Klamotten finden. Wer in der Fiefschaft stöbert, ist schon verloren …

Fiefschaft
Kirchstraße 13
26553 Dornum
T. 04933 1572
www.fiefschaft.de
Mo–Fr 14.30–18 Uhr, Sa 10–13 Uhr

22 Entdecken
Norden umzu

Pilsum

Eines der schönsten Dörfer der Krummhörn ist das liebevoll restaurierte Pilsum. Hier kann man wirklich dörfliches Leben kennenlernen, denn die Bewohner haben es geschafft, ihren Dorfladen zu retten, ein vorzügliches Restaurant anzusiedeln und Bauernhöfe als Lebensgrundlage zu erhalten. Es gibt keine Souvenirläden. Der Käsehof ist mit seinen Produkten weit über die Region bekannt. Bummeln Sie durch die engen Gassen im Schatten der wuchtigen Wehrkirche und lassen Sie sich einfach mal in einer verwunschenen Welt treiben.

23 Erleben
Norden umzu

Galerie als Kunstwerk

Die alte Schmiede in Pilsum ist ein Schmuckstück. Gerd Szkudelsi hat sie mit seinem Lebenspartner zu einer Pension und Galerie umgebaut. In der ehemaligen Werkstatt werden regelmäßig Arbeiten ostfriesischer und „weltweiter" KünstlerInnen ausgestellt. Aber die Galerie selbst ist das beste Kunstwerk.

Galerie Szkudelski
Am Pilsumer Ring 9
26736 Krummhörn-Pilsum
T. 04026 1244
www.galerie-szkudelski-pilsum.de
Mi–So 14–18 Uhr

24 Genießen
Norden umzu

Von wegen Käse

Als die direkte Hofvermarktung in der Landwirtschaft populär wurde, richteten auch in Ostfriesland viele Bauern Hofläden ein. Nachdem fast alle Molkereien in Ostfriesland dicht machen mussten, haben viele Höfe die Eigenproduktion von Käse, Marmelade und anderen Leckereien wiederentdeckt. Der Käsehof Pilsum war einer der ersten, der Käse produziert, ihn in den regionalen Restaurants vermarktet und auch selbst im Hofladen verkauft. Unbedingt probieren.

Käse-Hof-Laden im Käsehof Rozenburg
Tjücherweg 1
26736 Krummhörn-Pilsum
T. 04926 307
www.kaesehofladen.de
April bis Oktober Mo–Fr 10–12 und 14.30–18 Uhr, Sa 9.30–12 und 14.30– 17.00 Uhr,
So 15– 17 Uhr
November bis März Mo, Do, Fr 10–12 und 14.30-18 Uhr,
Sa 9.30–12 und 14.30–17 Uhr

25 **Erleben**
Norden umzu

Vom Leitfeuer zum Filmstar

Zwölf Meter hoch. Durchmesser 4,4 Meter. Blechhülle. Kupferdach mit Luftlöchern, weil er wirklich befeuert wurde. Besonderheit: rot-gelb-rote Bemalung. Das ostfriesische Wahrzeichen ist weltbekannt. Am Pilsumer Dorfrand grüßt der Leuchtturm vom Deich. Einsam wird es ihm nie. Das beweisen unzählbare Signaturen auf seiner Blechhaut und hunderte Liebesschlösser an einem extra aufgestellten Gitter. Wer den Leuchtturm nicht kennt, ist an Ostfriesland vorbeigefahren. Berühmt wurde er durch den 1989 gedrehten Film „Otto der Außerfriesische" mit dem Emder Ur-Ostfriesen Otto Waalkes. 1890 als Leitfeuer zur Sicherung der Unterems fertiggestellt, leuchtete er nur knapp 30 Jahre die Schiffe sicher in den Emder Hafen – mit einer Petroleumlampe. Im Ersten Weltkrieg wurde er abgeschaltet, um feindliche Schiffe von der Küste fernzuhalten. 1919 erlosch er für immer. Danach vergammelte er und sollte abgerissen werden. 1973 wurde er jedoch saniert und bekam sein heutiges Aussehen. Besichtigen kann man ihn nur nach Anmeldung oder Sie heiraten. Der Turm dient der Gemeinde Krummhörn als Trauzimmer.

Otto-Turm
Zum Alten Leuchtturm 2
26736 Krummhörn-Pilsum
www.pilsumer-leuchtturm.de

26 Entdecken
Norden umzu

Rysum

Abseits der eingefahrenen Wege liegt das Warftendorf Rysum in der Krummhörn. Auf dem zum Hochwasserschutz aus Grassoden angelegten „Berg" (Warft) gruppieren sich Gassen, Lohnen, Gulfhöfe und historische Wohnhäuser. Ganz oben steht die schmucke Kirche, in der man der ältesten noch bespielbaren Orgel (1457) lauschen kann. Von der Galerie der Mühle aus haben Sie einen weiten Blick übers Land, bei schönem Wetter bis in die Niederlande.

27 Entdecken
Norden umzu

Greetsiel

Das alte Fischerdorf ist heute der Vorzeigeort Ostfrieslands und touristischer Mittelpunkt der Krummhörn. Von weitem schon grüßen die Zwillingsmühlen, die auch besichtigt werden können. Shops, Cafés, Restaurants gibt es in Hülle und Fülle. Noch haben Kutter hier ihren Heimathafen und das bedeutet „lecker frischen Fisch"!

28 Entdecken
Norden umzu

Stammsitz der herrschenden Sippe

Die Häuptlingsfamilie der Cirksena kommt ursprünglich aus Greetsiel. Später kaufte sie sich vom Kaiser den Grafentitel und schwang sich zur herrschenden Sippe Ostfrieslands auf. Eigentlich gibt es in Ostfriesland keinen herkömmlichen Adel, diese Rolle nahmen reiche Landbesitzer und die Häuptlinge wahr. Aber die Cirksenas wollten gerne „richtige" Grafen sein. Ihr ehemaliges Stammhaus auf einem Eckgrundstück am Anfang der Kleinbahnstraße in Greetsiel sieht sehr unscheinbar aus. Später zogen die Grafen über Norden nach Aurich und bewohnten luxuriösere Immobilien. Das alte Steinhaus gehört heute einem Privatmann. Der bastelt seit Jahrzehnten an der „Burg", um sie von außen wie innen in ihren ursprünglichen Zustand zu versetzen. Besichtigen kann man das Haus leider nicht, aber mal eben gucken ist auch ganz schön.

Stammhaus der Cirksena
Kleinbahnstraße 1
26726 Krummhörn-Greetsiel

29 Entdecken
Norden umzu

Afrika an der Nordsee

Sie wundern sich wahrscheinlich: Der größte Lieferant für Handarbeiten aus Ghana in Norddeutschland lebt im ostfriesischen Greetsiel. Simon Kwaku Bade stammt aus Ghana. Jeden Winter, von Oktober bis März, fährt er in seine Heimat und kauft auf den Dörfern traditionelle Handarbeiten auf. In seinem Laden in Greetsiel erfreuen sie dann ostfriesische Kunden und Gäste. Fair gehandelte Holzschnitzereien, Skulpturen, Gewänder, Hemden. Eigentlich sind Hemden aus Ghana gar nicht so anders als ostfriesische Fischerhemden – nur eben anders ...

Simon's African Culture Shop
Mühlenstraße 21
26736 Krummhörn-Greetsiel
T. 04926 92 65 60
www.simon-african-shop.de
tgl. 10–18

30 Genießen
Norden umzu

Feiner Fisch

Viele kommen nach Ostfriesland des Fisches wegen. Dann müssen Sie unbedingt ins Restaurant Seestern in Norddeich gehen. Zwischen den zahlreichen touristischen Angeboten ist das Restaurant nahe dem Badestrand eine sehr gute Adresse für Genießer frischer, regionaler, pfiffig zubereiteter Fischgerichte. Ein echter „Lang-zu" – Tipp.

Restaurant Seestern
Deichstraße 8
26506 Norddeich
T. 04931 81 117
www.seestern-norddeich.de
Tgl. 11–21 Uhr

31 Erleben
Norden umzu

Hoch zu Pferde

Ostfriesland ist berühmt für seine ruhige und ausgeglichene Pferderasse. Immer mehr ReitfreundInnen verbringen ihre Ferien an der Küste. Auf dem Pferderücken lassen sie sich dann durch Watt, Dünen und Weidelandschaft schaukeln. Kinder sind begeistert, und auf dem Pferdehof Maack in Neuharlingersiel können sie sich alle austoben, oder besser ausreiten ...

Ferienhof Maack
Ostbense 3 an der L5
26427 Neuharlingersiel
T. 04974 91 29 91
www.ferienhof-maack.de

32 Erleben
Norden umzu

Welt(klasse)musik

Musik der Welt am Ende der Welt. Oder: Musik der Welt – am laut Eigenwerbung – tiefsten Punkt. Das Geografische stimmt nicht ganz (der tiefste natürliche Punkt Deutschlands liegt in Schleswig-Holstein), aber die Musik, genauer Gitarrenmusik, im historischen Gulfhof des kleinen Dörfchens Freepsum in der Krummhörn ist Weltklasse. In altem Gemäuer, teilweise aus dem 15. Jahrhundert, erleben Sie hier wunderbare Konzerte – wenn Sie im Winter warm angezogen sind. Es ist manchmal kalt, aber immer hinreißend.

Musik der Welt
Landkultur Freepsum
Am Spielplatz 15
26736 Krummhörn-Freepsum
T. 04923 805 98 60
www.landkultur-freepsum.de

33 Erleben
Norden umzu

Für kleine Ponyfreunde

Es macht schon Spaß, die Kids auf einem Ponyrücken durch die Wiesen zu treiben. Für sie ist es ein herrliches Erlebnis. Für den Geldbeutel ist es eine Belastung. Also, Ponyreiten oder Ausfahrten mit dem Ponywagen sind sehr idyllisch, fragen Sie aber vorher nach den Preisen! Wenn es egal ist, sind Sie im Ponyparadies.

Ponyparadies Ostfriesland
Hans Georg Jahnsen
Landstraße 1
26524 Lütetsburg
T. 01520 476 41 98
www.ponyparadies-ostfriesland.de

Aurich

1 Entdecken
Aurich

Altstadt

Die Fußgängerzone durchschneidet die Reste der Auricher Altstadt. Ein anderer Teil wurde im Zuge der Stadtsanierung und des Baus einer Durchgangsstraße abgerissen. Aber in den Seitenstraßen der Fußgängerzone können Sie das alte Aurich noch entdecken. Den Turm der Lambertikirche können Sie nicht verfehlen, über den verträumten Lambertihof gelangen Sie in die Friedhofstraße, die Kirchstraße und die Nürnburger Straße. Schlagen Sie sich in die Büsche, es lohnt sich.

2 Entdecken
Aurich

Weltraumquirl oder Tauchsieder?

Dieser Turm hat es in sich. Als die Stadtsanierung Ende der 1980er-Jahre Aurich den voluminösen Marktplatz schenkte, ließ sich der ausführende Architekt Gerd Seele inspirieren. Der Platz brauche einen Turm, so Seele. Die Stadt beauftragte den Würselener Künstler Albert Sous, einen zu bauen. Der holte sich Schrott aus einer Atomanlage und schweißte sein 25 Meter hohes Werk zusammen. Wechselweise wird das meist fotografierte Objekt Aurichs als Weltraumquirl, Tauchsieder oder Schrotti bezeichnet. Bis heute ist der Turm für einen Streit gut – ist das Kunst oder blöd?

Sous-Turm
Marktplatz
26603 Aurich

3 Genießen
Aurich

Tummelplatz der Häuptlinge

Im Auricher Schlossbezirk haben sich wohl alle Häuptlinge getummelt, die in Ostfriesland Rang und Namen haben. Die tom Broks aus dem Südbrookmerland bauten die erste Burg im 13. Jahrhundert. Später herrschte hier der Leeraner Fokko Ukena. Der wurde von fast allen anderen Häuptlingen nach den Niederlanden vertrieben, und es folgten die ostfriesischen Grafen der Cirksena. Die alten Burgen wurden im Verlauf der verschiedenen Fehden geschliffen. Nachdem 1744 mangels männlicher Nachkommen der Stamm der Cirksena ausstarb, residierten im Schloss, 1851 auf den Grundmauern der alten Cirksenaburg von 1448 errichtet, abwechselnd die preußische, die niederländische, die französische und die hannoversche Verwaltung. Heute tagt hier das Landgericht. Der Schlossbezirk liegt am Ende der Fußgängerzone (Burgstraße).

Schlossbezirk Aurich
Rund ums Landgericht
Schloßplatz 3
26603 Aurich

4 Entdecken
Aurich

Innenstadt von außen

Am Ende der Fußgängerzone gegenüber dem Schloss beginnen die Wallanlagen mit einer Baumallee. Von hier aus kann man quasi die halbe Stadt umrunden und sie „von hinten“ entdecken. Auf dem Hohen Wall befindet sich ein Gedenkstein für die 1938 niedergebrannte Synagoge. In unmittelbarer Nähe erinnert eine Gedenktafel an die ehemalige jüdische Schule (Kirchstraße 13, Haus der Kassenärztlichen Vereinigung).

Hoher Wall
26603 Aurich

5 Entdecken
Aurich

Aurich rocken

Leider sind auch in Aurich einige urige Kneipen geschlossen worden. Immerhin eine neue ist hinzugekommen: Dat Packhaus Aurich. Wie der Name sagt, hat sich der Veranstaltungsort in einem historischen Packhaus etabliert. Hinter der „alten“ Fassade tobt aber der Bär. Die Eigentümer, Auricher Profis, haben sich dem Rock 'n' Roll verschrieben.

Dat Packhaus Aurich
Wallstraße 16
26603 Aurich
T. 01522 900 70 07
Mi u. Do 18 – 24 Uhr
Fr 18–2 Uhr
Sa 15–2 Uhr
www.packhaus-aurich.de

Entdecken
Aurich

Antikes Kunstwerk aus Antwerpen

Der Ihlower Altar in der Lambertikirche ist ein einzigartiges, mittelalterliches Holzschnitzkunstwerk. Zwischen 1510 und 1515 schuf die Lukasgilde in Antwerpen diesen Altaraufsatz für das Zisterzienserkloster Ihlow, sieben Kilometer von Aurich entfernt. Nach der Reformation ließ Graf Enno II. 1529 das Kloster abbrechen, den Altaraufsatz aber schenkte er der Lambertikirche. Die mystische Stille neben dem Rummel der Innenstadt bringt das Kunstwerk zum Strahlen. Auch nicht religiöse Menschen öffnen sich für die lebensnah gestalteten Figuren im Innenteil des Aufsatzes und lauschen deren Geschichten.

Ihlower Altar
Lambertikirche
Lambertshof
26603 Aurich
T. 04941 2239
April bis Oktober 11–12 Uhr und 15.30–16.30 Uhr

7 Entdecken
Aurich

Vertretung der Bürger

Die „Ostfriesische Landschaft" ist aktuell und historisch eine öffentliche Körperschaft. Ihr eindrucksvolles Haus in Aurich gehörte vor 1819 dem Kaufmann Conrad Meyer. Ihre Wurzeln hat die Landschaft in den Treffen „freier" Friesen. Das waren grundbesitzende Friesen der gesamten Nordseeküste (13.–14. Jahrhundert). In der Regel gönnten sie ihren Nachbarn nicht die Butter auf dem Brot. Eine halbwegs funktionierende Gerichtsbarkeit organisierten sie bei Treffen am Auricher Upstalsboom. Im Laufe der Zeit wurde die Landschaft die Vertretung der besitzenden Bürger, Handwerker und Großbauern. Im Anfang durchaus auch politisch präsent, ist die Landschaft heute eine Kultur- und Bildungseinrichtung. Ihre Bibliothek beherbergt eine herausragende Sammlung von historischer und aktueller Literatur aus der und über die Region. Die Landschaft beherbergt das Plattdüütskbüro (Büro für plattdeutsche Sprache). Sie richtet jedes Jahr das Klassikfestival „Gezeitenkonzerte" aus.

Ostfriesische Landschaft
Georgswall 1–5
26603 Aurich
T. 04941 179 90
www.ostfriesischelandschaft.de

8 Erleben Aurich

Gegenwärtige Geschichte

Ostfriesland bietet nicht nur eine aufregende Natur, sondern ist auch eine sehr geschichtsträchtige Region. Weil die besitzenden Ostfriesen über Jahrhunderte in jedem Flecken und jedem Dorf ihre Eigenständigkeit und Unabhängigkeit gepflegt und gelebt haben, ist Vergangenes überall sehr gegenwärtig. Aurich war lange Zeit das politische Zentrum der Region. Was liegt also näher, als hier einen Blick in die ostfriesische Geschichte zu werfen? Und der ist besonders erkenntnisreich im Historischen Museum Aurich.

Historisches Museum Aurich
Burgstraße 25
26603 Aurich
T. 04941 12 36 00
Di–So 11–17 Uhr
www.museum-aurich.de

9 Entdecken Aurich

Hafen

Eigentlich lag der Auricher Hafen direkt in der Stadtmitte. Davon zeugt noch das „Pingelhuus" neben der Fußgängerzone, eine ehemalige Zollstation, die Signal gab, wenn ein Schiff den Hafen verließ. Dieser Teil wurde zugeschüttet. Der „neue" Hafen liegt an der Freizeit-Wasserstraße Ems-Jade-Kanal. Der zieht sich bis Wilhelmshaven hin (beliebte Radtour!). Viele ärgern sich über den Rummel im Sommer und den dazugehörigen Müll. Trotzdem: Man kann hier nicht nur tuckerige Kanalfahrten buchen, sondern sich selbst als Skipper betätigen – auf führerscheinfreien Motorbooten! Ahoi.

10 Erleben
Aurich

Treffpunkt der Billardprofis

Mitten in der Innenstadt Aurichs liegt dieses kleine Café an der Einfallstraße zur Fußgängerzone. Täglich ist es von 16 Uhr an geöffnet und dient Behinderten und ihren Freunden als Treffpunkt. Hier treffen sich zwanglos Menschen. Wer denkt, Behindertensport ist behindert, der mag sich zu einem der regelmäßigen Billardturniere anmelden. Bitte nicht weinen, hier hat schon so mancher „Profi" seinen Queue verzweifelt in die Ecke geworfen. Können kommen nach Aurich.

Eckhaus
Evelyn de Boer
Osterstraße 41
26603 Aurich
T. 04941 990 19 97
www.wfbm-aurich-wittmund.de (freizeit/eckhaus)

11 Erleben
Aurich

Mühlengeschichte auf fünf Böden

Die Auricher Stiftsmühle ist die letzte der ehemals fünf Stadtmühlen. Sie diente tatsächlich der Versorgung der Bevölkerung mit Mehl. Dies kann man heute noch schön beobachten, denn die Mühle ist betriebsfähig und wird zu bestimmten Zeiten „angeschmissen". Von der Galerie hat man einen Rundumblick über die Stadt. Und wer nach dem Herumkraxeln in dem fünfstöckigen Bau aus 200 000 Ziegelsteinen erschöpft ist, kann sich hernach in der Teestube erquicken.

Mühlenfachmuseum Stiftsmühle Aurich
Oldersumer Straße 28
26603 Aurich
T. T. 04941 4464
www.ostfriesischelandschaft.de
April bis Oktober Di–Sa 11–17 Uhr, So 15 – 17 Uhr
Teestube Kluntje
T. 04941 4464
Di–So 12–18 Uhr

12 Entdecken
Aurich

Alles über erneuerbare Energien

Enercon ist einer der weltgrößten Hersteller für Windkraftanlagen und größter Arbeitgeber in Aurich. Kein Wunder, dass die Stadt sich dieses Aktionshaus rund um das Thema Energie leistet. Aktuelle Ausstellungen, physikalische Experimente in interaktiven Spielen, historische und zukünftige Technik – alles dreht sich um Strom aus Wasser, Wind, Erde und Sonne.

Energie-Erlebniszentrum Aurich
Osterbusch 2
26607 Aurich
T. 04941 69 84 60
www.eez-aurich.de
Di–Fr 10–16 Uhr
Sa und So 10–18 Uhr

13 Genießen Aurich

Sport! Entspannen! Fitness!

Eigentlich ist es merkwürdig im Land der Flüsse, Seen und des Meeres ein Schwimmbad zu empfehlen. Aber das Auricher „De Baalje" ist eine Wucht. Es ist großzügig gestaltet. Die Funktionsbecken sind weitläufig voneinander getrennt. Neben einem großen Babybecken (mit Spielzeug) ist das Solebad (34 Grad, mit Wasserdüsenliegen) im Außenbereich der Hammer. Freibäder, vier Saunen und ein Dampfbad runden die Wasserwelt ab. Und, De Baalje ist familienfreundlich, auch wenn ein Besuch mit Kindern ins Geld gehen kann, zumal ein Imbiss und Eisverkauf im Bad integriert sind.

De Baalje
Am Ellernfeld 2
26603 Aurich
T. 04941 12 40 00
www.debaalje.de
Tgl. 6.30–20 Uhr

14 Entdecken Aurich

Gräfliche Ruhestätte

Weil die prunkvollen Sarkophage der ostfriesischen Grafenfamilie Cirksena in der Gruft der Lambertikirche von Wasser bedroht wurden, baute die Stadt Ende des 19. Jahrhunderts auf ihrem Stadtfriedhof ein repräsentatives Mausoleum und überführte die Särge in einer nächtlichen Prozession dorthin. Leider ist das Mausoleum nicht öffentlich zugänglich, kann aber zwischen Mai und Oktober einmal im Monat bei einer offiziellen Führung besichtigt werden. Treffpunkt ist am Mausoleum jeden ersten Donnerstag um 17 Uhr.

Mausoleum Cirksena
Friedhof Aurich
Kontakt: Ev. Friedhofsverwaltung
Lambertihof 2
26603 Aurich
T.04941 188 41

15 Erleben Aurich

Voll auf der Rolle

Viele Dörfer haben am Gemeinderand Skatepipes aufgestellt. Aurich macht ein Event daraus. Die gerade renovierte Skatehalle mit ihrer ausgeklügelten Ausstattung bietet alles, was das Skater- und Bikerherz begeistert. Feiern Sie hier doch mal einen aktiven Kindergeburtstag. Für echte Skater gibt es in Ostfriesland nichts Besseres.

Playground Skatehalle Aurich
Finkenburgweg 9 a
26603 Aurich
T. 04941 60 77 70
www.skatehalle-aurich.de
tgl. 12–20 Uhr
Do und Fr 14–20 Uhr

16 Entdecken Aurich

Kaum bekannter Nobelpreisträger

Sein Name ist weitgehend vergessen, sein Werk ebenfalls. Der Auricher Rudolf Eucken (1846–1926) war der achte deutsche Nobelpreisträger (1908). Der Philosoph, der 36 Jahre an der Universität Jena lehrte, bekam die Auszeichnung für Literatur. Ein Gedenkstein auf dem Auricher Friedhof erinnert an ihn.

Gedenkstein Rudolf Eucken
Friedhof Aurich
Adolf-Dunkmann-Straße
26603 Aurich

17 Entdecken Aurich

Vom Hölzchen auf's Stöckchen

Das gibt es noch! C. Maass Drogerie in der Auricher Fußgängerzone scheint aus der Zeit gefallen zu sein. Ein Laden mit Krims und Krams und Produkten, die es eigentlich gar nicht mehr gibt. So ordentlich, als wäre eine Elefantenherde durchgelaufen. Ein Labyrinth. Okay, normale Drogeriewaren kann man auch kaufen.

C. Maass Drogerie
Osterstraße 26
26603 Aurich
T. 04941 60 77 11

18 Erleben Aurich

Wo die Bilder laufen lernen

Eike Schmidt hat sich einen Lebenstraum erfüllt – zur Freude vieler Figurentheaterbegeisterten. Sein Theater Lazarett, ulkiger Name, ist das einzige feste Figurentheater in Ostfriesland. Da spricht ein Lappen, da erzählt eine Tasse. Verbunden mit technischen Finessen, erzählt Schmidt spannende Geschichten.

Theater Lazarett
Oldersumer Straße 10
26603 Aurich
T. 0152 561 643 32
www.theaterlazarett.de

19 Genießen Aurich

Im alten Schleusenwärterhaus

Ein Ort, der aus der Zeit gefallen zu sein scheint. Ein Gasthaus, wie es sein muss. Der Wärter der Raher Schleuse am Ems-Jade-Kanal durfte sich ab 1890 in seiner Schankwirtschaft etwas dazu verdienen. Und es steht immer noch so da, das alte Schleusenwärterhaus, in Ostfriesland weithin berühmt als Kukelorum. Mit historischer Ausstattung und herrlicher Lage am Wasser. Mehr muss man nicht haben.

Kukelorum Gasthaus und Pension
Boomweg 26
26605 Aurich
T. 0177 258 94 98
Mi und Do 15–21.30 Uhr
Fr und Sa 15–22 Uhr
So 10–20 Uhr

20 **Entdecken**
Aurich

Schiffslift im Ems-Jade-Kanal

Die Schleuse im Auricher Stadtteil Rahe ist das Nadelöhr des Ems-Jade-Kanals. 1886 gebaut, musste sie 2005 von Grund auf saniert werden und das bei laufendem Betrieb. Heute wird sie weitgehend von Sportbooten genutzt. Aber auch Binnenschiffe durchlaufen die Schleuse und versorgen den Auricher Hafen mit Baumaterialien. Die Schleuse ist eine wunderschöne Stelle, um auf einer Radtour oder einem Spaziergang eine Pause zu machen.

Schleuse Rahe
Boomeweg
26605 Aurich-Rahe
www.nlwkn.niedersachsen.de (Stichwort Hochwasser- und Küstenschutz/Kanäle/Ems-Jade-Kanal)

21 **Entdecken**
Aurich

Upstalsboom

Westlich von Aurich, in einem Buchen- und Eichenhain, ragt in der Mitte einer Warft eine Steinpyramide hervor. Imposant ist die Buchenallee, die zur Warft führt. Da kann es einem, angesichts der historischen Bedeutung des Ortes, schon kribbelig werden. Das Denkmal wurde 1833 in Gedenken an die Treffen der „freien" Friesen errichtet. Das waren besitzende Landleute aller friesischen Stämme an der gesamten nördlichen Nordseeküste im frühen Mittelalter. Hier versammelten sich deren Abgesandte, um ihre Streitigkeiten beizulegen und Recht zu sprechen. Der Versuch lokaler Nationalsozialisten, aus dem Upstalsboom eine „deutsche" Thingstätte zu machen, konnte zum Glück nicht umgesetzt werden.

22 Entdecken Aurich

Ausgefüllter Zwischenraum

Leben in die Innenstadt zu bringen, statt Leerstand zu ertragen, das hat sich eine BürgerInnen-initiative in Aurich vorgenommen. Aus der spontanen Aktion ist mittlerweile eine feste Einrichtung geworden. Mitten in der Fußgängerzone wurde eine Kunstgalerie etabliert. Nicht kommerzielle Galerien haben in Ostfriesland Seltenheitswert. Um so beachtlicher, dass es hier regelmäßig wechselnde Ausstellungen überregionaler Künstlerinnen und Künstler zu sehen gibt.

Zwischenraum – Temporärer Kunstraum e.V.
Osterstraße 28 – 30
26603 Aurich
Fr und Sa 11–18 Uhr
Di 11–18 Uhr
www.zwischenraum-aurich.de

23 Erleben Aurich

Klettern und kraxeln

Man muss ja nicht unbedingt auf der Erde laufen. Im Auricher Kletterwald kommt man dem Himmel bis zu zehn Metern entgegen. 60 Stationen fügen sich zu einem Parcours zusammen, der von Laien und auch engagierten Kletterern durchhangelt werden kann. Bitte melden Sie sich vorher an!

Kletterwald Aurich
Hoheberger Weg 165
26605 Aurich
T. 04941 974 88 12
www.kletterwald-aurich.de

Sportboote auf dem Ems-Jade-Kanal zwischen den Brücken Hoheesche und Reepsholt.

Aurich umzu

1 **Moormuseum Moordorf** 140
2 **Wassersportanlage North Bound** 141
3 **Ewiges Meer** 141
4 **Timmeler Meer** 142
5 **Kloster Ihlow** 143
6 **Naturschutzstation Fehntjer Tief** 144
7 **Dörpmuseum Münkeboe** 145
8 **Windenergieanlage Westerholt** 145
9 **Erlebnisspielplatz am Ihler Meer** 145

1 **Entdecken**
Aurich umzu

Vom harten Leben im „bösen" Fleck
Moordorf galt jahrzehntelang als „böser" Fleck. Die Bewohner waren „schlagfertig". Grund der angespannten Atmosphäre im Ort und gegen andere Dörfer war die Abgelegenheit und das arme, harte Leben in dem wilden Heide- und Moorgebiet. Viele LandarbeiterInnen waren Kommunisten und deswegen schon ein Dorn im Auge der bürgerlichen Obrigkeit. Heute sind die Bewohner mit Sicherheit der „ostfriesischen Gemütlichkeit" erlegen. Das Freilichtmuseum Moordorf stellt das schwere Leben der früheren Siedler eindrucksvoll dar.

Moormuseum Moordorf
Victoburer Moor 7
26624 Südbrookmerland-Moordorf
T. 04942 27 34
www.moormuseum-moordorf.de
tgl. 10–18 Uhr

2 Erleben
Aurich umzu

Wakeboard, Kneeboard, Wasserski

Der Freizeitsee Tannenhausen ist ein Eldorado für Wassersportler. Neben dem profanen Baden und Sonnentanken am Strand bietet die Anlage Wasserski, Wakeboard und Kneeboard. Diese Einrichtung ist in Ostfriesland einmalig. Zwar gibt es in Hooksiel und am Idasee in Ostrhauderfehn auch Wasserskianlagen, Tannenhausen ist aber der Hit. Sind diese Aktivitäten zu anstrengend? In der Beach Bar ist extremes Abhängen angesagt.

Wassersportanlage North Bound
Stürenburgweg 44
26607 Aurch-Tannenhausen
T. 04941 969 50 40
www.northboundaurich.de

3 Erleben
Aurich umzu

Deutschlands größter Hochmoorsee

Sie glauben nicht an Kobolde und Feen? Dann müssen Sie sich vom Ewigen Meer in Eversmeer/Holtriem in eine Märchenwelt entführen lassen. Nur 15 Minuten von Aurich und von der Küste entfernt liegt Deutschlands größter Hochmoorsee. Eingebettet in eine ursprüngliche Moorlandschaft schlängelt sich ein Bohlenweg und Naturlehr-

pfad durch die Wildnis, mitten durch den Lebensraum von Bekassinen, Brachvögeln und Krickenten – und Schlangen (Kreuzotter, Ringelnatter). Besonders schön ist es im Frühling, wenn ein weißer Wollgrasteppich über der Landschaft liegt. Und im Winter, wenn Ruhe und Einsamkeit einen umfangen. Ach, und im Herbst und im Sommer. Das Ewige Meer ist traumhaft.

Ewiges Meer
Parkplatzstraße 3
26565 Eversmeer
www.dornum.de

Genießen
Aurich umzu

Meer mit Kanälen

Versteckt im Binnenland, genau zwischen Aurich und Leer, liegt der Ferienort Timmel. Ein großer Badesee lockt innerhalb eines zusammenhängenden Naturschutzgebietes. Mehr Natur geht nicht. Strandsaunen, baden, paddeln, Rad fahren, reiten, wandern oder abhängen, nichts ist unmöglich. Ein Campingplatz, rustikale Landgasthöfe sowie ein Kanu- und Radverleih machen einen Tagesausflug oder einen Daueraufenthalt zu einem Erlebnis.

Timmeler Meer
26629 Großefehn-Timmel
www.timmel.net

5 Entdecken
Aurich umzu

Wirkungsstätte der Zisterzienser

Ab dem 9. Jahrhundert war Ostfriesland bevorzugtes Missionsgebiet für Kaiser Karl den Großen. Viele Klöster dienten der religiösen Einkehr, aber auch der politischen und wirtschaftlichen Einflussnahme. Keines dieser Klöster hat die Reformation überlebt. Das romano-gotische Zisterzienserkloster Ihlow (1228, Schola Dei – Schule Gottes) war eines der mächtigsten Klöster. Hier ruhte wahrscheinlich das politische Archiv der freien Friesischen Länder der gesamten

Nordseeregion. Eine Stahl-Holzkonstruktion zeichnet die Silhouette der Klosterkirche nach. Die Imagination wird durch einen unterirdischen Ausstellungsraum vervollständigt. Zwischen Eichen, Buchen und Linden, einem Klostergarten und einem Klostercafé versinkt man in der ruhigen Besinnlichkeit des (ehemals) heiligen Ortes.

Kloster Ihlow
Zum Forsthaus 1
26632 Ihlow
www.kloster-ihlow.de

6 **Erleben**
Aurich umzu

Faszinierendes Feuchtgebiet

Das Fehnjer Tief ist ein faszinierendes Feuchtgebiet zwischen Leer und Aurich. Hier treffen das Krumme Tief, die Flumm und das Bagbander Tief zusammen und münden irgendwann in die Ems. Die Region wurde lange als Projekt für Ausgleichsmaßnahmen genutzt, in der Hoffnung, den Otter anzusiedeln. Der Wassermarder ist bislang jedoch ausgeblieben. Die Naturschutz-

station Fehntjer Tief informiert in einem historischen Gulfhof und in Außenbereichen über die herausragende Bedeutung dieses Naturschutzgebietes.

Naturschutzstation Fehntjer Tief
Lübbersfehnerstraße 36
26632 Ihlow
T. 04945 1492
www.nlwkn.niedersachsen.de (naturschutz/naturschutzstationen)
Mo–Fr 9–18 Uhr, Sa 9–14 Uhr

7 **Erleben**
Aurich umzu

Idealdorf zum Anfassen

Die Dorfgemeinschaft Münkeboe ist wirklich eine Gemeinschaft. Mit viel Enthusiasmus haben sich die Bewohner eine eigene Welt geschaffen, ein Idealdorf. Mit Mühle, Schmiede, Stellmacherei, Sägewerk, Dorfkrug, Destille und und und. Ein Dorf zum Anfassen. Ein Dorf zum Mitmachen. Zu manchen Gelegenheiten werfen die Ehrenamtlichen die alten Maschinen an. Wenn es so richtig rattert und schnurrt und nach Diesel riecht, dann freut sich der Mensch, auch wenn man die harte Arbeit gerne nur auf den Fotos „genießt“.

Dörpmuseum Münkeboe
Mühlenstraße 3a
26624 Südbrookmerland-Münkeboe
T. 0170 938 97 16
20. März bis 31. Oktober Di–So 10–17.30 Uhr
www.doerpmuseum-muenkeboe.de

8 Erleben
Aurich umzu

Windige Aussicht

Windenergieanlagen sind in Ostfriesland allgegenwärtig. Den Anlegern und Eignern zur Freude, sie können eine Menge Geld verdienen. Vielen Anliegern und Naturschützern zum Gräuel, sie meinen, die Windräder machen krank, verschandeln die Landschaft und töten Vögel und Fledermäuse. In Ostfriesland polarisieren Windanlagen und sind regelmäßig Objekte juristischer Auseinandersetzungen. In Westerholt können Sie eine besteigen: 297 Stufen führen auf die 60 Meter hohe – geschlossene – Aussichtsplattform hinauf. Sich einen Überblick zu verschaffen, ist nie schlecht.

Windenergieanlage Westerholt
Im Gewerbegebiet 11
26556 Westerholt
www.begehbarewindenergieanlage.jimdo.com
Führungen: Sa und So
Anmeldung: T. 04977 26 48 20

9 Erleben
Aurich umzu

Matsch ist schön

Im Herzen Ostfrieslands, in Ihlow am Ihler Meer, kann man sich so richtig suhlen. Für Familien extra empfohlen, der Ferien- und Sportpark! Baden, Spiel und Sport und ein Wühlen in der Matschanlage. Vor dem nach Hause gehen bitte abduschen!

Erlebnisspielplatz am Ihler Meer
Alte Wiese 6
26632 Ihlow
T. 04929 891 00
www.ihlow-tourismus.de

Wiesmoor

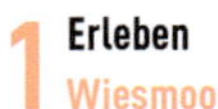

1 Erleben
Wiesmoor

Eine Stadt blüht auf

Jedes erste Wochenende im September surft Wiesmoor in einem Blütenmeer. Überall schwärmen Menschen von diesem traditionellen Blütenfest. Die ganze Stadt glänzt in den tollsten Farben von Nelken, Rosen und Chrysanthemen. Höhepunkt des Festes ist der Blütenkorso durch die Stadt mit blumengeschmückten Mottowagen. Vereine, Familien und Geschäftsleute wetteifern um das schönste fahrende Blumenbeet. Wenn der Korso im Wiesmoorer Freilichttheater eintrifft, beginnt ein großes Spektakel. Dann wird im Rahmen einer großen Show die Blumenkönigin gewählt. Junge Wiesmoorer Frauen bewerben sich um diesen Ehrentitel. Die Gewinnerin darf die Stadt im kommenden Jahr in aller Pracht repräsentieren.

Blütenfest Wiesmoor

www.bluetenfest-wiesmoor.de
www.tourismus-wiesmoor.de

2 Erleben
Wiesmoor

Bunte Pracht

Die Blüte Ostfrieslands, das ist Wiesmoor. Infolge des Abbaus der Moore um die Stadt siedelten sich hier viele Blumen- und Staudenzüchter an, die den Torf als Dünger und Wärmespender für ihre Gartenanlagen nutzten. Berühmt ist Wiesmoor für sein Blütenfest. Übers Jahr kann die Blumenpracht auch im Park „Blumenreich“ bewundert werden. In Themengärten und Lehranlagen kann man viele Ideen für das eigene Blumenreich sammeln.

Blumenreich

Dahlienstraße 26
26639 Wiesmoor
T. 04944 919 80
www.wiesmoor.de
März bis Oktober tgl. 10–18 Uhr

3 Erleben
Wiesmoor

Im Land der Torfstecher

Ab dem 18. Jahrhundert wurden in Ostfriesland die Moore systematisch trockengelegt. Dies verwandelte die ursprüngliche Natur in eine Kulturlandschaft. Kein anderer Ort als Wiesmoor ist besser dafür geeignet, diesen Prozess nachzuvollziehen. Denn das „dunkle Gold", der Torf, hat der Blumenstadt nicht nur den Namen gegeben, es prägt bis heute das Leben der Menschen. Mit einer historischen Lorenbahn kann man sich durchs Gelände ruckeln lassen!

Torf- und Siedlungsmuseum
Resedaweg 18
26639 Wiesmoor
T. 04944 912 2 53
www.torf-und-siedlungsmuseum.de
Mitte März bis Mitte Oktober tgl. 10–18 Uhr (außerhalb der Saison bitte nachfragen)

4 Erleben
Wiesmoor

Seriös putten

Einer der schönsten Turnierplätze für seriöses Golf ist die 27 Loch Anlage in Wiesmoor. Eingebettet in eine atemberaubende ehemalige Moorlandschaft, ist allein schon ein Spaziergang ein Genuss.

Blauer Fasan Golf
Am Golfplatz 2a
26639 Wiesmoor
T. 04944 92700
Tägl. 9–17 Uhr
www.blauer-fasan-golf.de

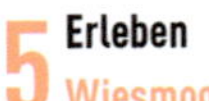

5 Erleben
Wiesmoor

Spaßig putten

Für nicht ganz so seriöse, sondern eher spaßbetonte Golfer gibt es in Wiesmoor eine sehr witzige Anlage. Hier schlagen Sie den Ball auf 18 Bahnen über typisch ostfriesische Hindernisse, wie zum Beispiel ein Schiff oder eine Mühle.

Erlebnisgolf Ostfriesland
Dahlienstaße 24
26639 Wiesmoor
T. 04944 91 99 80
www.erlebnisgolf-ostfriesland.de
Mitte März bis Mitte Oktober tgl. 10–18 Uhr, im Sommer wetterabhängig auch länger
Mitte Oktober bis Mitte März Mo– Fr 10–15 Uhr, Sa–So 10–16 Uhr

6 Entdecken Wiesmoor

Ottermeer

In der Stadt Wiesmoor drehte sich jahrzehntelang alles um Torf, der in der Nachbarschaft großflächig abgebaut wurde. Mit dem Torf beheizten die Bewohner ihre Gewächshäuser, in denen ihre berühmten Blumen gezüchtet wurden und werden. Dem Torfabbau verdankt die Stadt auch das Ottermeer. Der 13 Hektar große und gut zwei Meter tiefe See ist ein beliebtes Ausflugsziel. Man kann surfen, Hechte, Zander und Aale angeln, Kajak fahren und natürlich vom Strand aus baden. Direkt neben dem See befindet sich ein attraktiver, moderner Campingplatz.

7 Erleben Wiesmoor

Fahren auf Fehnen

Viele Einheimische und Gäste sind in die „Moornixe" verliebt. Das war ein kleines Fahrgastschiff, das von der Stadtmitte aus auf große und kleine Fahrt startete. Nach einigen Jahren Pause, bedingt durch einen Eignerwechsel, ist der Kahn jetzt als MS Wiesmoor wieder unterwegs. Kleine Ausflüge, große Fahrten, Eventtouren (Jazz, Grünkohl etc.) bringen Ihnen die ostfriesischen Fehne näher. Abfahrt ist am Restaurant Big Ben in der Innenstadt.

MS Wiesmoor
26639 Wiesmoor
Buchungen über Wiesmoor Touristik T. 04944 9180
www.tourismus-wiesmoor.de
März bis Oktober

Wiesmoor umzu

1 **Entdecken**
Wiesmoor umzu

Die Turmruine von Reepsholt

Wie ein hohler Zahn ragt der alte Turm von St.Mauritius in Reepsholt in den Himmel. Während einer Fehde zwischen Dornum und Reepsholt untergrub der Dornumer Feldhauptmann Hero Mauritz 1474 den Anfang des 13. Jahrhunderts erbauten Turm. Der Bau stürzte ein. Während des Dreißigjährigen Krieges verwüsteten die Mansholder die Kirche. 1647 wurde das Gotteshaus durch eine Mauer geteilt. Ein Teil ist die Gemeindekirche, der andere das Baudenkmal „Oll Kark“. Die Kirche ist geöffnet. In ihr steht ein Taufbecken, das aus dem 9. Jahrhundert stammen soll.

St. Mauritius
Frieslandstraße 5
26446 Friedeburg-Reepsholt
T. 04468 222
www.st-mauritius-reepsholt.de

2 Entdecken
Wiesmoor umzu

Unter uralten Eichen und Buchen

Der märchenhafte Urwald liegt zwischen den Orten Neuenburg, Zetel, Bockhorn und Grabstede. Der einstige Hutewald, in dem Kühe, Ziegen und Schweine weideten, ist seit über 150 Jahren unangetastet von Menschenhand. Schmale Wege schlängeln sich durch meterhohen Ilex. Die Kronen von 800 Jahre alten Eichen und 400 Jahre alten Buchen decken uns Erdlinge mit Halbschatten zu. Hinter jedem Stamm, hinter jedem Busch haust sicher ein Zwerg oder ein Waldgeist.

Urwald Neuenburg
Urwaldstraße
26340 Neuenburg
T. 04453 93 52 14
www.landesforsten.de

3 **Erleben**
Wiesmoor umzu

Galerieholländer in Aktion

Der Name trügt, denn die Rutteler Mühle ist ein Mühlenpark mit mehreren historischen Mühlenmodellen im Großformat. Im Mittelpunkt steht aber der zweistöckige Galerieholländer in voller Pracht und voller Funktion. Die Mühle produziert verschiedene Mehle, die im Hofladen gekauft werden können. Einzigartig ist sie als Sägemühle, die heute noch Baumstämme zu Brettern zersägt. Stilecht ist auch das Café mit leckeren Kuchen.

Rutteler Mühle
Friedeburgerstraße 2
26340 Zetel-Ruttel
T. 04452 333
www.rutteler-muehle.de

4 **Erleben**
Wiesmoor umzu

Zwischen den Welten

Von Russland nach Amerika zu wandern ist kein einfacher Lupfer. Selbst, wenn Sie über Alaska laufen, müssen Sie immerhin noch die Beringsee durchschwimmen. Oder Sie wandeln auf den zwei Wanderwegen in Friedeburg. Eine sieben und eine acht Kilometer lange Strecke verbinden diese beiden Ortsteile – eben Rußland und Amerika.

Von Rußland nach Amerika
www.gemeinde-friedeburg.de

5 **Erleben**
Wiesmoor umzu

Kochen im Gulfhof

Gulfhöfe sind typische Großbauernhöfe in Ostfriesland. Oft sind sie noch in Betrieb und können nicht besichtigt werden. Umso besser, wenn man in einem „laufenden" Hof, Menschen, Tiere und Inventar erleben kann. Gertrud und Eilt Tjaden setzen noch einen drauf. Sie bieten in ihrem Feriengulfhof kreatives Kochen für kleine Gruppen an. Frische, regionale Produkte kommen dabei in Topf, Pfanne und Bräter. Und dann das anschließende gemeinsame Mahl! Essen kann so schön sein.

Gulfhof Tjaden
Heerweg 26
26629 Großefehn
T. 04943 3788
www.gulfhof-tjaden.de

Genießen
Wiesmoor umzu

Wildfleisch satt

Er sieht ein wenig so aus wie er heißt. Der kleine Laden ist einzigartig. Frisches Wildfleisch aus der Region! Natürlich gibt es auch Eingefrorenes – das ganze Jahr über. Ob Hirsch, Reh, Hase, Wildschwein oder Fasan, alle Tiere sind in der Umgebung oder zumindest in Niedersachsen geschossen und fachgerecht vom netten Personal zerlegt worden. Da muss man doch schwach werden.

Der kleine Wilddieb
Marco Scharf
Kanalstraße Süd 19
26629 Großefehn
T. 04943 201371
www.kleiner-wilddieb.de

7 **Genießen**
Wiesmoor umzu

Vom Dorfkrug zum Landrestaurant

Über 200 Jahre Familientradition sammeln sich im historischen Gasthof in Friedeburg unterm Giebel. Vom Dorfkrug hat er sich zu einem äußerst gemütlichen und ein wenig feinen Landrestaurant gemausert. Erstklassige Küche in einem ostfriesischen Wohnambiente. Regionaltypische Speisen und Saisonaktionen schmeicheln dem Gaumen. Herbstliches Wild, Lamm, Matjes, Scholle kommen auf den schön gedeckten Tisch. Hier kann man sich verwöhnen lassen!

Landhotel Oltmanns
Friedeburger Hauptstraße 79
26446 Friedeburg
T. 04485 97 81 50
www.landhotel-oltmanns.de
Mi–So 17–22 Uhr
Frühstück tägl. 6.30–10.30 Uhr
Sa und So 7.30–11 Uhr

8 Erleben
Wiesmoor umzu

Kuchen im Waldhaus

Einst waren hier in Uplengen große Wälder. Einzigartig für Ostfriesland. Heute ist das Naturschutzgebiet Hollsand viel kleiner aber nichtsdestotrotz wunderschön. Ideal zum Spazierengehen. Die hügelige, dünenartige Heide- und Waldlandschaft wirkt verwunschen und aus der Welt gefallen. Hier befindet sich die höchste, natürliche Erhebung Ostfrieslands, der Kugelberg.
Ideal zum Toben, Runterkullern und Versteckspielen. Leider hat das anliegende Gasthaus „Waldhaus Hollsand" in dieser Einsamkeit, mangels Personals, nur auf Voranmeldung offen. Versuchen Sie es.

Waldhaus Hollsand
Neufirreler Straße 18
26670 Uplengen-Großoldendorf
T. 04956 10 62
www.waldhaus-hollsand.de

Wittmund

1 Entdecken

Wittmund

Regionales und Räucherfisch

So ein großer Markt! Märkte bieten immer Trubel und Gelegenheiten, schöne, leckere Sachen zu kaufen. Obwohl Ostfriesland landwirtschaftlich geprägt ist, gibt es keinen außergewöhnlichen Markt. Wittmund hat donnerstags einen der größten Kleinen, mit vielen regionalen Produkten und Räucherfisch. Gehen Sie da mal bummeln.

Wochenmarkt
Marktplatz
26409 Wittmund
Do 8–12.30 Uhr

2 Entdecken

Wittmund

Barocke Kirchturmhaube

Für Ostfriesland ungewöhnlich grüßt im Herzen Wittmunds die St.-Nicolai-Kirche.

Ihr 30 Meter hoher Turm ist mit einer barocken Haube gedeckt. Der heutige Bau hatte drei Vorgänger. Die erste (Holz-)Kirche, wahrscheinlich während der Christianisierung Ostfrieslands ab dem späten 8. Jahrhundert erbaut, wurde im Verlaufe einer Fehde mit den Oestringer Nachbarn 1164 abgefackelt. Die heutige Kirche, mit typischem roten Klinker umgeben, wurde 1774 errichtet. Der Innenraum ist in Rosa ausgemalt. Die prächtige Orgel stammt aus dem Jahr 1776.

St. Nicolai
Am Kirchplatz 3
26409 Wittmund
T. 04462 204 68 80
www.kirche-wittmund.de

3 Entdecken
Wittmund

Berühmte Hände

2010 wurde in der Stadtmitte Wittmunds der erste Bundespräsidentenplatz Deutschlands eröffnet. Die Hände der meisten Würdenträger sind in Beton gepresst zu sehen. Damit nicht genug. Auch so unterschiedliche Menschen wie Rocker Udo Lindenberg, Schlagerstar Howard Carpendale oder Boxer Arthur Abraham haben ihre Hände in den Beton gedrückt. Da sage einer, Ostfriesland sei ab von der Welt. Bei diesem Auftrieb von Promis ist Ostfriesland das Herz der Welt!

Hands of Fame
Drostenstraße, Kirchstraße, Präsidentenplatz (Ecke Kirchstraße/Drostenstraße)
26409 Wittmund
www.hands-of-fame.de

4 Entdecken
Wittmund

Urgemütlich seit 70 Jahren

Also, da kommt man rein und fühlt sich wohl. Bei Bodo ist es urgemütlich, so eine richtige alte Kneipe. Auch wenn der Wirt nicht mehr Bodo heißt, sondern Roman. Seit über 70 Jahren gibt es das Gasthaus in Wittmund. Hier gehen sogar Einheimische hin. Übrigens gibt es hier auch eine gepflegte Speisekarte!

Bei Bodo
Klusforder Straße 28
26409 Wittmund
T. 04462 54 44
Mi und Do 16–23 Uhr
Fr 16–1 Uhr
Sa 11–1 Uhr
So 17–23 Uhr

Wittmund umzu

1 Entdecken
Wittmund umzu

Das Glück der Erde

Der Ferienhof Gerdes im Wangerland ist ein ehemaliger Bauernhof mitten in der Einsamkeit. Oder kennen Sie Groß Popkenhausen? Der Ferienhof ist ein Schatz für Eltern oder Großeltern mit kleinen Kinder, die entspannt Ferien machen wollen. Es gibt viele Tiere, man kann reiten, es gibt einen chaotischen Spielpark (Kinder jauchzen). Familie Gerdes ist sehr freundlich und hilfsbereit, ihre Kinder sind einfach eine Wucht. Beim obligatorischen Grillabend ist das Begrüßungsbier frei. Wem die Einsamkeit des Hofes zu eng wird (wird sie nicht), der kann in 15 Minuten zum Strand von Schilling oder in die Nordseebäder Hooksiel und Carolinensiel düsen.

Ferienhof Gerdes
Groß Popkenhausen 1
26434 Wangerland/Hooksiel
T. 04425 1618
nordseehof@t-online.de
www.nordseehof.de

2 Erleben
Wittmund umzu

Familien-Oase

Die Freizeitanlage Dorf Wangerland ist ein Komplex von Hotel, Restaurant, Indoorspielplatz und Außenanlage. Er bietet sowohl Residenten als auch Tagesgästen ein 5000 Quadratmeter großes Tummelfeld von Spielgeräten, Fahrgeschäften und Freizeitmöglichkeiten. Der Eintritt scheint recht hoch, aber Parkgebühren und Eis, kalte und warme Getränke und Pommes sind inklusive. Für Eltern mit Kindern – so gesehen – eine Oase.

Dorf Wangerland
Jeversche Straße 100
26434 Wangerland-Hohenkirchen
T. 04463 809 791 00
www.dorf-wangerland.de

3 **Entdecken**
Wittmund umzu

Ein Hügel für 40 Menschen

Auf dem Weg von Jever nach Carolinensiel gibt es so etwas wie ein Stargate. Sie betreten das Dorf Ziallerns und landen im – Nichts. Das besterhaltene Wurtendorf in Norddeutschland besteht aus ein paar Höfen und Häusern für rund 40 Menschen. Wurten nennt man die mit Grassoden aufgeworfenen „Berge", auf die sich in früher Zeit die Menschen vor dem Hochwasser der Nordsee schützten. Seit 1937 steht Ziallerns unter Landschaftsschutz. Was Sie hier erleben können, ist eine einzigartige Ruhe und Einsamkeit. Der Ursprung des Dorfes wird auf 100 v. Chr. geschätzt.

Wurtendorf Ziallerns
26434 Wangerland-Ziallerns
www.ziallerns.de

4 **Erleben**
Wittmund umzu

Tierpark ohne Exoten

Endlich mal ein Haustierpark, der diesen Namen verdient. In Werdum verzichtet man auf Exoten und hält stattdessen in einem großzügigen Park etwa 70 heimische Großtiere vom Esel übers Schaf bis zum spektakulären Wollschwein. Ein Besuch im Park ist ideal mit kleineren Kindern, zumal der Park von attraktiven Spiel- und Fitnessgeräten umgeben ist. Planen Sie ruhig einen Tag ein. Am Kiosk können Sie sich ausreichend versorgen und das obligatorische Eis spendieren.

Haustierpark Werdum
Gastriege 35
26427 Werdum
T. 04974 99 00 99
www.haustierpark-werdum.de
tgl. 9–19 Uhr

5 **Genießen**
Wittmund umzu

Wat'n Bier

Urgemütlich geht es zu in der Brauerei Werdum. Es ist eine der drei Landbrauereien der ostfriesischen Halbinsel. Auf Norderney gibt es noch eine Inselbrauerei. Einfache, deftige Speisen und ein wechselnder, origineller Mittagstisch schmecken einfach nur lecker. Dazu gibt es das helle, naturtrübe und dunkle Wat'n Bier. Der große Biergarten hat Versack-Qualität. Knapp 10 Kilometer hinter der Küste bei Neuharlingersiel ist Werdum eine echte Topadresse des Wohlfühlens.

Küstenbrauerei und Brennerei zu Werdum
Edenserloger Straße 4
26427 Werdum
T. 04974 546
www.werdumerhof.de
tgl. 11–21.30 Uhr

6 Genießen
Wittmund umzu

Wassertreten mit Musik

Heimlich, still und leise hat sich das kleine Dorf Werdum in den vergangenen 15 Jahren herausgeputzt. Etwas abseits von den Touristenzentren an der Küste und doch in Nordseenähe, hat sich der schmucke Ort zu einer echten Attraktion entwickelt. Besonders ist hier die Kneipphalle: Wassertreten in entspannender Umgebung mit Musik und kleinem Wasserfall. Im Außenbereich gibt es dazu noch einen Barfußpfad zum Sensibilisieren der Fußsohlen. Witzig!

Kneipphalle Werdum

Gastriege 25
26427 Werdum
T. 04974 91 42 67
www.haus-des-gastes-werdum.de
tgl. 10–20 Uhr

7 Entdecken
Wittmund umzu

Andenkamele auf dem platten Land

Wenn Sie glauben, Sie träumen, dann sind Sie wahrscheinlich auf der Alpaka-Farm in Wittmund. All wat neijes – wie der Ostfriese sagt. Die südamerikanischen Kamele werden tatsächlich in Ostfriesland gezüchtet. Echt. Schauen Sie nach. Im Hofladen gibt es wollene Mode, Decken und Garne.

Avalon Alpakas

Upstederstraße 31
26409 Wittmund
T. 04973 91 35 11
www.avalon-alpakas.de
15. Juni bis 15. September Di–Do 14–16 Uhr nach Anmeldung
Hofführung So 13.30–14 Uhr nach Anmeldung
Hofladen Mi und Fr 16–19 Uhr, So 14–16 Uhr

8 Erleben
Wittmund umzu

Landhaus mit spirituellem Anschluss

Die Einsamkeit an der Küste verführt zum Träumen. Und wer träumt, der ist ja schon in einem anderen Leben. Auf besondere Weise kann man das im Landhaus Werdum erleben. Nämlich im (nicht ganz billigen) spirituellen Tempelschlaf aufgrund ihres Geburtshoroskops oder im Verlauf eines erlebten Horoskops. Schön ist auf jeden Fall die Wohnanlage, die Möglichkeit, Ferienwohnungen auf den Inseln zu buchen – und die eigentliche Verführung: Das Landhaus Werdum verfügt über ein umfassendes Lesestübchen, in dem man günstig gebrauchte Bücher kaufen kann. Und das ist in der Einsamkeit auch wichtig!

Landhaus Werdum

Edenserloog Straße 16
26427 Werdum
T. 04974 1411
www.werdumer-landhaus.de

9 Erleben
Wittmund umzu

Schippern auf der Harle

Welch eine verrückte Schaukel. Der Seiten-Raddampfer Concordia II schippert zwischen dem Museumshafen Carolinensiel und dem Hafen Harlesiel auf dem kleinen Fluß Harle. Das ist eine relativ kurze, aber vergnügliche Fahrt. Na denn: „Ahoi“.

Raddampfer Concordia II

Friedrichsschleuse 3a
26409 Carolinensiel
T. 04464 942 97 41
www.reederei-albrecht.de

10 Entdecken
Wittmund umzu

Alles über Siele, Häfen und Schiffer

Eigentlich gibt es den alten Sielhafen in Carolinensiel gar nicht mehr. Nach dem Untergang der Segelschifffahrt wurde er in den 1950er-Jahren zugeschüttet und erst 30 Jahre später auf Initiative vieler BürgerInnen wieder freigelegt. Heute ist er Mittelpunkt eines begeisternden Museumskomplexes. Insgesamt vier Häuser umfasst die Anlage rund um den alten Hafen, in denen neben verschiedenen Dauerausstellungen die Arbeits- und Lebensbereiche der Menschen in dieser Region dargestellt sind. Ein Museumsweg führt Sie durch die Geschichte des Ortes. Unbedingt müssen Sie einen Trip auf einem alten Frachtsegler ins Wattenmeer buchen!

Deutsches Sielhafenmuseum
Pumphusen 3
26409 Carolinensiel
T. 04464 869 30
www.deutsches-sielhafenmuseum.de
tgl. 10–18 Uhr

11 Erleben
Wittmund umzu

Kiten und surfen

Wo Wasser ist, gibt es auch Wassersport. Das ist in Ostfriesland manchmal schwierig, weil gerade an der Küste die Reviere im oder am Nationalpark liegen. Dort ist Kiten und Surfen verboten. Zwei Schulen gibt es an der Küste.

Kiteschulen
Vertigo Kiteschule
Hafenstraße
26558 Dornumersiel
und
Am Nordseestrand 1
26553 Dornum
T. 04971 65 58 17
www.vertigo.surf

Kite- und Surfschule Windloop
Edo-Edzards-Straße 1
26427 Neuharlingersiel
T. 0157 170 166 966
www.windloop.de

12 Erleben
Wittmund umzu

Segeln und törnen

Detlev Hinz leitet die Segelschule in Harlesiel. Das Wattenmeer liegt direkt hinter der Schleuse. Das Segelnlernen dauert Ihnen zu lange? Dann heuern Sie einfach so bei Detlev Hinz an und gehen auf „kleine" Fahrt über die Nordsee.

Harlesail Segelschule
Friedrichschleuse 27
26409 Wittmund-Harlesiel
T. 04464 94 58 64
www.harlesail.de

13 Genießen
Wittmund umzu

Abliegen im Sprudelwasser

Wem die Wellen am Nordseestrand zu herbe sind, der kann direkt hinter den Dünen in Bensersiel, sozusagen unter dem Dach, behütet schwimmen, planschen, saunen und entspannen. Die Nordseetherme ist ein Zielort vieler Touristen. Aber im Herbst oder Winter ist sie eine Oase der Ruhe und des Zufriedenseins. Abhängen heißt das in Neusprache oder abliegen im Sprudelwasser, das passt.

Nordseetherme Bensersiel
Schulstraße 4
26627 Bensersiel
T. 04971 91 72 20
www.bensersiel.de

14 Erleben
Wittmund umzu

Kunst im Park

Es ist ein Lebens- und Gesamtkunstwerk, das der Stahlbildner Leonard Wübbena in Funnix geschaffen hat. Nach über 50 Jahren künstlerischer Lehrtätigkeit schenkt er seiner Heimat eine Art ruhenden Kunstpol: den Skulpturengarten Funnix. Dauerausstellung und regelmäßige Präsentationen nationaler und internationaler Kolleginnen und Kollegen in einem groß angelegten Gartenpark zeigen große Kunst in der Provinz. Die Verbindung zwischen Landschaft und Skulpturen in einem Feld der Ruhe ist einfach genial.

Skulpturengarten Funnix
Funnix 2
26402 Wittmund-Funnix
T. 04467 481
www.skulpturengarten-funnix.de
Do–Sa 14–18 Uhr, So 13–18 Uhr (im Winter Öffnungszeiten erfragen)

15 Genießen
Wittmund umzu

Bäuerliche Küche

Wie ein Verdurstender in der Wüste beim Anblick einer Oase frohlockt der Hungrige, wenn er in der Einsamkeit des Wangerlandes bei Altfunnixsiel die üppige Fassade des Kutscherkroogs entdeckt: gerettet! Urgemütlich ist das Landhaus und es hat eine fantastische Speisekarte mit kreativen, bäuerlichen Gerichten. Viele Zutaten stammen vom eigenen Hof. Und die Fischgerichte und die Matjeskarte, einfach ein Genuss. Es lebe die Einsamkeit des Wangerlandes!

de Kutscherkroog
Altfunnixsiel 38
26409 Wittmund-Altfunnixsiel
T. 04464 8540
www.caro-urlaub.de (restaurant-kutscherkroog)
Di–Sa 17–21 Uhr, So 11.30–14 und 17–21 Uhr

16 Entdecken
Wittmund umzu

Düsenjäger überm Altar

Ostfriesland ist das Land mit den meisten Kirchen aus dem Mittelalter. Aber es ist auch das Land der innovativen Kirchenmalerei. Was gab es für Aufstände, als der ostfriesische Maler Hermann Buß 1990 ein Altarbild für die Inselkirche Langeoog malte. Statt eines am Kreuz hängenden Jesus versank ein Schiff im Watt. Mittlerweile hat Buß (geb. 1951 in Neermoor) viele Altarbilder gemalt und eine – seine – eigene Tradition entwickelt. Sein zweites Altarbild ist in Ardorf bei Wittmund zu sehen. Am Düsenjägerstandort rasen Bomber über flüchtende Menschen. Verstörend und irritierend malt Buß Gegenwart als Erinnerung.

Altarbild Ardorf
Kirche Ardorf
Hohebarger Straße
26409 Ardorf

Jever

1 **Erleben**
Jever

Die eigensinnige Maria

Der Renaissancebau ist ein Schnittpunkt dramatischer Geschichte. Jever gehört politisch nicht zu Ostfriesland, aber das war nicht immer so. Es war Sitz ostfriesischer Häuptlinge, das Schloss steht auf den Grundmauern dieser Wehrburgen. Durch geschickte Heiratspolitik versuchten verschiedene Häuptlingshäuser, Jever an sich zu binden. Im 16. Jahrhundert kam es zum Eklat. Maria von Jever (1500 - 1575) war als Kind einem Spross aus dem Norder Hause der Cirksena versprochen. Aber weder Bräutigam eins noch Ehemann in spe zwei ließen sich zur Ehe mit Maria bewegen. Die rächte sich, heiratete nie, baute das herrliche Schloss weiter, sicherte als Reformerin ihren Herrschaftsbereich, baute endlich ihr von der Antoni-Flut 1511 verwüstetes Land auf und – zu allem Überfluss – vererbte ihr Land aus Hass auf die Ostfriesen an das Oldenburger Fürstenhaus. Die Ostfriesen fochten das Testament vehement an, hatten jedoch keinen Erfolg. Damit es jeder sieht: Der Schlossturm ist das Wahrzeichen der Stadt und ziert imagebildend das Etikett des Jever Bieres.

Schlossmuseum Jever
Schlossplatz 1
26441 Jever
T. 04461 96 93 50
www.schlossmuseum.de
tgl. 10–18 Uhr (im Sommer jeden So Kostümführungen)

2 Entdecken
Jever

Tatütata

Genau! Die Feuerwehr ist da. Im Feuerwehrmuseum Jever am Bahnhof gibt es alles zu sehen, was nötig ist, um Flammen zu löschen. Im Fachjargon heißen viele Ausstellungsstücke: Kleinlöschgeräte. Aber es gibt auch Schwergewichtigeres zu sehen, nämlich eine Gruppe von Oldtimern.

Feuerwehrmuseum Jever
Florianstraße 1
26441 Jever
T. 04461 91 84 84 / 0157 339 614 11
www.feuerwehrmuseum-jever.de
März–Oktober Mi 14–17 Uhr
und Fr–So 14–17 Uhr

3 Entdecken
Jever

Alter Pomp und moderne Schlichtheit

Seit etwa 900 sollen hier Kirchen gestanden haben. Mehrmals brannten sie ab oder wurden zerstört. Der jetzige Bau wurde erst 1964 anstelle der 1959 abgebrannten Vorgängerkirche als moderner Zweckbau errichtet und mit deren erhaltener Apsis verbunden. In dieser befindet sich das Edo-Wiemken-Denkmal, das an den letzten männlichen Häuptling des Jeverlandes erinnert. Es wurde

von Fräulein Maria, seiner Tochter, in Auftrag gegeben und zwischen 1561 und 1564 geschaffen und zeigt imposant, wie die Häuptlinge durchaus auf adeligen Pomp schielten. Das Denkmal ist ein hervorragendes Zeugnis belgischer Renaissance-Baumeister. Der moderne Anbau der neuen Kirche steht in einer abenteuerlichen Spannung zum Mausoleum.

Stadtkirche Jever
Am Kirchplatz 13
26441 Jever
T. 04461 933 80
www.kirche-jever.de

Genießen
Jever

Weiß auf blau

Georg Stark ist einer der letzten seiner Zunft. Er beherrscht das alte Handwerk des Blaudruckens. Seine Holzmodel zaubern weiße Muster auf indigoblau gefärbtes Leinen. Als Tischtücher, Halstücher oder Schmuckdecken gehörten sie jahrhundertelang zur Ausstattung von Trachten und bürgerlichen Haushalten.

Blaudruckerei Kattrepel
Kattrepel 3
26441 Jever
T. 04461 713 88
www.blaudruckerei.de
Mo–Fr 11–17 Uhr, Sa 10–14 Uhr
Jeden Mittwoch um 15 Uhr gibt es eine Handwerksvorführung

5 **Genießen**
Jever

Erste Adresse für Tee

Tee gehört zu Ostfriesland wie die Fische ins Wasser. Eine der schönsten Teestuben finden Sie in Jever. In der Fußgängerzone ist das „Nordlicht“ eine erste Adresse für leckeren Tee. Den können Sie auch auf der ruhigen Gartenterrasse genießen. Hier gibt es viele Schleckereien (zum Beispiel belgische Pralinen) zu entdecken. Und man kann auch wunderbare Mitbringsel (Honig, Sanddorn, Teedosen etc.) finden.

Nordlicht Tee und mehr
Schlachtstraße 18
26441 Jever
T. 04461 4443

6 **Entdecken**
Jever

Erinnerung an die jüdische Gemeinde

Anstelle der 1938 zerstörten Synagoge steht hier heute ein Haus aus den 1950er Jahren. Im Erdgeschoss des Klinkergebäudes in der Großen Wasserpfortstraße ist eine Erinnerungsstätte an die Jüdische Gemeinde Jever eingerichtet. Die Brüder Hermann und Julius Gröschler waren die letzten Vorsteher der Gemeinde. Im Frühjahr 2018 wird dieses kleine Museum nach dem Umbau wieder eröffnet. Der Arbeitskreis GröschlerHaus bietet dazu Themenführungen durch die Stadt und über den jüdischen Friedhof an.

GröschlerHaus
Große Wasserpfortstraße 19
26441 Jever
Kontakt für Führungen:
Hartmut Peters, Leiter Arbeitskreis GröschlerHaus
T. 04421 44381
www.groeschlerhaus.eu

7 **Genießen**
Jever

Whisky in Jever

Aus der Whiskylaune eines Chemiedozenten heraus entstand vor gut 30 Jahren der erste deutsche Whiskyvertrieb. Heute ist der Laden mit Verköstigung und Seminaren eine erste Adresse für Scottish Malt Whiskys. Ob sanft, nach Honig schmeckend, rauchig, nach Torf duftend oder hammerhart, bei Scoma gibt es wahrscheinlich so viele Single Malts wie nirgendwo sonst in Deutschland. Aber bitte Vorsicht beim Probieren!

Scoma, Scotch Malt Whisky
Am Bullham 17
26441 Jever
04461 91 22 37
www.scoma.de
Mo–Fr 10–13 Uhr, Fr 15–18 Uhr,
Sa 11–13 Uhr

Wilhelmshaven

1 **Erleben**
Wilhelmshaven

Alles übers Wattenmeer

Das Besucherzentrum des Weltnaturerbes Wattenmeer ist das größte Nationalparkhaus an der Küste. Auf mehreren Stockwerken warten interaktive Informationsschwerpunkte auf interessierte WattläuferInnen. Vom Dach des Hauses hat man einen herrlichen Panoramablick über Wilhelmshaven und das Wattenmeer. Mit viel Glück können Sie sogar Schweinswale entdecken. Das Haus bietet regelmäßig Aktivitäten wie Vorträge, Filme und Ausflüge an.

UNESCO Weltnaturerbe Wattenmeer Besucherzentrum
Am Südstrand 110b
26382 Wilhelmshaven
T. 04421 91 07 33
www.wattenmeer-besucherzentrum.de

2 **Genießen**
Wilhelmshaven

Südstrand

Strand war gestern – heute ist Südstrand. Der Stadtstrand von Wilhelmshaven ist der einzige an der ostfriesischen Küste, der nach Süden ausgerichtet ist – ins Angesicht der Sonne. Außerdem ist die Promenade die Flaniermeile Wilhelmshavens mit vielen Restaurants und Cafés. Mehr muss man nicht mehr haben.

Erleben
Wilhelmshaven

Kulturtempel mit Anspruch

Wenn in Wilhelmshaven was geht, dann im Pumpwerk. Das Kulturhaus ist eines der ersten soziokulturellen Zentren in Niedersachsen. Vorher Entwässerungswerk (1903-1975), ab 1976 Kulturtempel und weit über die Landesgrenzen hinaus berühmt. Neben dem regelmäßigen Programm gibt es viele Sonderveranstaltungen, darunter die wichtigen Festivals für Kleinkunst und für A-cappella-Gesang. Bei Gästen und Einheimischen besonders beliebt sind die Konzerte „Mittwochs am Pumpwerk". Die Veranstaltungen sind in der Regel kostenlos und entspanntes Abhängen ist garantiert.

Kulturzentrum Pumpwerk
Banter Deich 2
26382 Wilhelmshaven
T. 04421 927 90
www.pumpwerk.de

4 Erleben
Wilhelmshaven

Der Blick vom Wasser

Vom Südstrand und dem benachbarten Helgolandkai gehen in Wilhelmshaven die Hafenrundfahrten mit der MS Harle Kurier und anderen Barkassen ab. Am Meer muss man auf das Meer. Das Land, den Hafen und den Leuchtturm Arngast im Jadebusen vom Wasser aus zu betrachten gehört einfach dazu. Etwas über eine Stunde dauert der Törn, den Sie über das Touristikbüro oder bei der Reederei Warringa vor Ort buchen können.

Hafenrundfahrt
Wilhelmshaven Touristik
Eberhardstraße 110
26382 Wilhelmshaven
T. 04421 91 30 00
www.wilhelmshaven-touristik.de
Reederei Warringa
Südstrand 110
26382 Wilhelmshaven
T. 0174 729 46 65

5 Erleben
Wilhelmshaven

Meereswelten

Schollen, Flundern und Schweinswale draußen auf freier See zu entdecken ist sehr schwierig. Die meisten Fische findet man gegrillt oder gedünstet in der Pfanne der anliegenden Restaurants. Aber im Seeaquarium flitzen sie quicklebendig durch ihre nachgestellten Lebensräume. Die Möglichkeit, Schweinswale in ihrer natürlichen Umwelt durch die Fenster der Panoramarestaurants zu entdecken, ist nicht ausgeschlossen. Spannend ist im Aquarium die Abteilung des Urzeitmeeres.

Aquarium Wilhelmshaven
Südstrand 123
26382 Wilhelmshaven
T. 04421 50 01 70
www.aquarium-wilhelmshaven.de

6 **Erleben**
Wilhelmshaven

Toben und matschen

Ein ganz besonderer Tummelplatz. Kinder können im Störtebekerpark toben, im Wasser matschen, Seilbahn fahren und flößen – echte Action, nichts für Sonntagskleider. Das Terrain ist unter Umweltgesichtspunkten aufgebaut und dient als Ausbildungshilfe für Jugendliche in schwierigen Lebenssituationen. Sie betreiben den hauswirtschaftlichen Teil und den Baubereich. Trotzdem ist der Park öffentlich, wenn auch mit eingeschränkten Öffnungszeiten. Toben macht hungrig, im Pfannkuchenhaus gibt es leckere Naschereien.

Störtebekerpark
Freiligrathstraße 426
26386 Wilhelmshaven
T. 04421 649 54
www.stoertebekerpark.de
Mo–Do 9–15 Uhr, Fr 9–18 Uhr, So 14–18 Uhr, Sa geschlossen
Im Winterhalbjahr nur Mo–Fr geöffnet

7 **Genießen**
Wilhelmshaven

Gesellige Völlerei

Ein wenig abgefahren, absolut urig und sehr sättigend! Das Anno 1300 ist eine Kneipe die dem Namen „Erlebnisgastronomie“ alle Ehre macht. Es geht ums Mittelalter, um gesellige Völlerei und opulente Gelage. Neben den preisgünstigen üblichen Gerichten wie Gebratenes oder Gepökeltes von Rind, Schwein und Huhn, gibt es tolle Topfgerichte oder einen Laib selbstgebackenes Brot, belegt oder nur mit Butter, oder feine süße oder deftige Pfannkuchen. Schon Appetit? Ganz Hungrige bestellen mehrgängige Tafelmenüs (ab sechs Personen, bitte eine Woche vorher bestellen).

Anno 1300
Möwenstraße 68
26388 Wilhelmshaven
T. 04421 300 88 66
www.anno-1300.de
Di–Do 18–23 Uhr, Fr–Sa 18–2 Uhr, So 18–23 Uhr

8 Entdecken
Wilhelmshaven

Rosen, Rosen, Rosen

Neben den Schaumkronen auf den Nordseewellen gibt es in Wilhelmshaven noch ganz andere Blüten zu bestaunen. Im einzigen Rosarium in Nordwestdeutschland warten tausende Rosen in 500 verschiedenen Sorten auf Blumenenthusiasten. Die stille Oase, mitten in der Großstadt, umschmeichelt einen in verschiedenen Themengärten mit lieblichem Duft. Der Eintritt ist frei.

Rosarium Wilhelmshaven
Neuengrodener Weg 22c
26386 Wilhelmshaven
T. 04421 77 22 47
www.rosarium-wilhelmshaven.de
Anmeldung für Führungen: 04421 826 55
Muttertag bis Oktober Mo–Do 8–15 Uhr, Fr 8–13 Uhr, Sa–So 10–18 Uhr

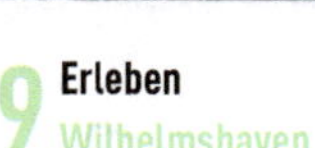

9 **Erleben**
Wilhelmshaven

Kaiserliche Flottenträume

Die Stadt Wilhelmshaven verdankt ihre Existenz den Großmachtträumen des deutschen Kaiserreiches. Dazu gehörte unbedingt der Aufbau einer Hochseeflotte, um mit der Weltmacht England gleichziehen zu können. Seit gut 20 Jahren gibt es am Ort das Marinemuseum, das die Entwicklung der Stadt als Marinestandort nachzeichnet. Spektakulär sind im Außenbereich der ehemalige Lenkwaffenkreuzer „Mölders", mit 134 Metern Länge und Platz für eine ehemals 334 Mann starke Besatzung. Etwas kleiner daneben wirkt das U-Boot U10. Trotz seiner Enge ist es bei Besuchern äußerst beliebt.

Deutsches Marinemuseum
Südstrand 125
26382 Wilhelmshaven
T. 04421 40 08 40
www.marinemuseum.de
tgl. 10–18 Uhr

10 **Erleben**
Wilhelmshaven

Kaiser-Wilhelm-Brücke

Alles hat in Wilhelmshaven irgendwie mit Kaiser Wilhelm II zu tun. Der Monarch wünschte sich einen deutschen Marinestandort, und der wurde an der Jade aus dem Moor gestampft. Wen wundert es, wenn das Wahrzeichen der Stadt nach dem Kaiser benannt ist. Die Kaiser-Wilhelm-Brücke, 1907 gebaut, 159 Meter lang und 8 Meter breit, quert den Ems-Jade-Kanal und verbindet die südliche Innenstadt mit dem Südstrand und den dort liegenden Hafenanlagen. Sie ist die größte Drehbrücke Deutschlands. Laufen Sie hinüber und herüber und atmen Sie Geschichte.

11 **Genießen**
Wilhelmshaven

Erholungsort für Arbeiter

Da Wilhelmshaven ab Mitte des 19. Jahrhunderts eng mit der Entstehung und Entwicklung der deutschen Marine verbunden war, war es auch Brennpunkt sozialer Bewegungen. Viele Arbeiter und Soldaten organisierten sich in reformerischen oder revolutionären Gruppen. Da wundert es nicht, dass sich die Planer des Rüstringer Stadtparks (1912–1924) sozialreformerischen Prinzipien verpflichtet fühlten. Statt großbürgerlicher Flaniermeilen wurden großzügige Spiel- und Sportwiesen, Wäldchen, Gärten, Kinderspielplätze und Ruheräume angelegt. Eine Augenweide. Mitten hindurch läuft ein Kanal mit dicht bepflanztem Ufer, er verbindet alle Bereiche des Parks. An einer Seite ist der Ehrenfriedhof der Marinegarnison untergebracht.

Rüstringer Stadtpark
Zum Ehrenfriedhof/Neuengrodener Weg
26 386 Wilhelmshaven
www.offenegaerten-weser-ems.de (wilhelmshaven/rüstringer stadtpark)

12 Erleben
Wilhelmshaven

Kunst im Kunstobjekt

Als das Haus 1913 eröffnet wurde, hieß es natürlich nach einem Kaiser: Kaiser-Friedrich Museum. Es ist eines der ältesten Kunsthäuser Norddeutschlands und bis heute das einzige Haus in öffentlicher Hand, das in Wilhelmshaven Gegenwartskunst präsentiert. 1968 wurde es architektonisch neu und ungewöhnlich konzipiert. Es ist auch als Gebäude ein Kunstobjekt.

Kunsthalle Wilhelmshaven
Adalbertstraße 28
26382 Wilhelmshaven
T. 04421 414 48
www.kunsthalle-wilhelmshaven.de
Di 14–20 Uhr, Mi–So 11–17 Uhr

13 Erleben
Wilhelmshaven

Legendärer Musikclub

Das Kling Klang ist einer der ältesten Musikclubs im Norden. Neben internationalen Stars aus Pop, Rock und Ska treten auch lokale MusikerInnen und Bands auf. Das Kling Klang serviert Baguettes und bietet ausgewählte Tagesgerichte an.

Kling Klang
Börsenstraße 73
26382 Wilhelmshaven
T. 04421 133 22
www.kling-klang-online.de
Mo–Fr und So ab 16 Uhr
Sa ab 10 Uhr (mit Frühstück)

14 Erleben
Wilhelmshaven

Banter See

Der Banter See ist ein altes Hafenbecken in der Stadt. Heute ist er ein Erholungsgebiet und dient der Entspannung. Im Freibad „Klein Wangerooge“, kann man ruhiger baden als am benachbarten Südstrand, außerdem surfen und paddeln. Der Rundweg um den See ist ca. sieben Kilometer lang. Mit dem Rad oder zu Fuß, es gibt da viel Salzwasserluft zu schnuppern. Kioske zur Verpflegung unterwegs gibt es auch.

15 Erleben
Wilhelmshaven

Hafenfest der Extraklasse

Rund um das erste Juli-Wochenende bebt in Wilhelmshaven die Erde. Dann findet ein Hafenfest der Extraklasse statt. Viele Buden, Fahrgeschäfte, etliche Bühnen. Vielfältige kulinarische Spezialitäten warten auf Schleckermäuler. Und der Höhepunkt: Rechtzeitig zum Fest entern viele Großsegler den Bontekai, das ist schon eine prächtige Kulisse.

Wochenende an der Jade
www.wochenendeanderjade.de

16 Erleben
Wilhelmshaven

Revolution! Revolution!

Da hat der Kaiser Geister gerufen und wurde sie nicht mehr los: Nach dem Ersten Weltkrieg meuterten seine Marinesoldaten. Die Fackeln der Deutschen Revolution von 1918/19 entflammten in Wilhelmshaven! In der als Marinestützpunkt für die kaiserliche Flotte angelegten „Frontstadt“ mit Hochseehafen meuterten 1918 die Marinesoldaten. Danach wurde die Flotte auf Wilhelmshaven und Kiel verteilt. Trotzdem breitete sich diese Meuterei als Arbeiterrevolution über ganz Deutschland

aus. Ein Spaziergang zu Stelen durch die Stadt zeichnet an historischen Orten die Ereignisse nach. Einen entsprechenden Infoflyer gibt es im Tourismusbüro.

Wilhelmshaven und die Revolution 1918/19
Wilhelmshaven Touristik & Freizeit GmbH
Ebertstraße 110
26382 Wilhelmshaven
T. 04421 91 30 00
www.wilhelmshaven.de/revolution1918

17 Entdecken Wilhelmshaven

Hafen der Zukunft

Der Jade Weser Port ist ein 2003 gebauter (Container-)Tiefwasserhafen in Wilhelmshaven, der einzige seiner Art in Deutschland. Gedacht als Konkurrenz zu Hamburg und Rotterdam hat er seine Kapazitäten noch lange nicht ausgeschöpft. Trotzdem liegen auf ihm hohe Erwartungen für die regionale und nationale Wirtschaft. Ein Infocenter erklärt Geschichte und Funktion der Anlage. Statt einer Hafenrundfahrt können Sie auf einer einstündigen Bustour den neuen Hafen entdecken.

Jade Weser Port Infocenter
Am Tiefen Fahrwasser 1
26388 Wilhelmshaven
T. 04421 771 90 91
www.jadeweserport-infocenter.de

18 Erleben
Wilhelmshaven

Raus aufs Meer

In der Seehafenstadt Wilhelmshaven ist Segeln ein Muss. Ob Sie einen Kurztrip ins Wattenmeer machen wollen, einen Ausflug in die Nordsee riskieren, auf einem Oldtimer anheuern oder eine Segelausbildung in allen Kategorien absolvieren möchten, alles ist in Wilhelmshaven möglich. Bitte erkundigen sie sich rechtzeitig bei den Segelclubs!

Segelschulen

Wilhelmshavener Segelclub e.V.
Schleusenstraße 24
26382 Wilhelmshaven
www.segelnimwsc.de

Segelschule Wilhelmshaven Maritim
T. 04421 98 71 94 / 0178 457 11 22
www.wilhelmshaven-maritim.de

Segelkameradschaft Störtebeker Wilhelmshaven e.V.
Feuerschiff
Jadeallee 26
26382 Wilhelmshaven
T. 0160 977 499 25
www.sk-stoertebeker.de

19 Genießen
Wilhelmshaven

Orientalisch schmausen

Seit vielen Jahren versucht die Region mit einer Verbesserung der Gastronomie zu punkten. Pizzaservice und Imbisse hielten Einzug in fast jedes Dorf, na ja. 2016 eröffnete in Wilhelmshaven dann das L'Orient. Treffer. Libanesische Küche mit Herz und Leidenschaft, einzigartig in der Region. Nichts gegen Scholle, Snirtje oder Backfisch, im Gegenteil. Aber wenn es mal ein ganz anderer Genuss sein soll – ob Meza, Fattousch oder Tabulli – dann sind Sie hier richtig.

L'Orient

Gökerstraße 152
26384 Wilhelmshaven.
T. 04421 313 17
www.lorient.one
tgl. 17.30–22 Uhr
Mi geschlossen

Segelboote auf dem Jadebusen

Wilhelmshaven umzu

1 **Entdecken**
Wilhelmshaven umzu

Blick über den Busen

Der Jadebusen ist eine ca. 190 Quadratkilometer große Meeresbucht, die sich seit Jahrtausenden durch Sturmfluten immer wieder verändert hat. Ab dem 16. Jahrhundert begannen Eindeichungen, die Mensch, Tier und Land vor dem Hochwasser schützen sollten. Aber erst seit Mitte des 18. Jahrhunderts erhielt der Jadebusen in etwa seine heutige Form. Auf dem Deich in Cäciliengroden gibt es Informationen über den Jadebusen. Von dort aus haben Sie einen beeindruckenden Blick über die Bucht. Von hier kann man auch auf einem Salzwiesenlehrpfad in das Naturschutzgebiet gelangen.

Salzwiesenpfad Cäciliengroden
26452 Sande-Cäciliengroden
www.sande.de

2 **Entdecken**
Wilhelmshaven umzu

Grodenlandschaft

Durch die Eindeichungen am Jadebusen hat sich eine eigentümliche Landschaft gebildet, die Groden. Vornehmlich landwirtschaftlich orientiert, finden Sie auf dem Weg von beispielsweise Zetel nach Cäciliengroden oder Bockhorn nach Dangast, eine fast mystische Moorlandschaft, satt und fett. Gerade im Herbst umfängt Sie eine einsame und geheimnisvolle Atmosphäre.

3 Entdecken
Wilhelmshaven umzu

Bibelweg auf dem Deich

Tour de Gott: 14 Monumentalskulpturen, sieben zur Schöpfungsgeschichte und sieben zur Sintflut, säumen 60 Deich-Kilometer am Jadebusen. Verantwortlich ist der Pfarrer im Ruhestand, Franz Klimmeck, der auch schon mit anderen Aktionen Behörden zum Schwitzen gebracht hat. Immerhin, bei diesem Bibelweg auf dem Deich haben sich die beiden Deichachten am Jadebusen engagiert und die biblischen Skulpturen mit der Siedlungsgeschichte hinter dem Deich verknüpft. So kann man an 14 Stationen plus einer letzten, dem Turmbau zu Babel, sich besinnen, nachdenken, erschauern und in sich gehen. Führungen und Touren bieten örtliche Fremdenverkehrsbüros an.

Kunst am Deich

www.kunstamdeich.de

Eine detaillierte Liste der Standorte gibt es auf Wikipedia, Stichwort „Skuplturenpfad Kunst am Deich“

4 Genießen
Wilhelmshaven umzu

Baden drinnen und draußen

Das kleine 1000 Seelendorf Horumersiel ist ein anerkannter Heilbadeort. Die Besonderheit: Im Gegensatz zu fast allen anderen Stränden an der Küste und auf den Inseln, gibt es hier keinen Sandstrand. Kilometerweit fläzen Sie sich auf einem Wiesenstrand. Der liegt in Sichtweite der Schiffsrinne nach Wilhelmshaven. Dicke Pötte, Ozeanriesen und Containerkolosse können auch ohne Fernglas beobachtet werden. Und dann wartet die Meerwassertherme mit Warmbecken, Außenbecken und Sauna!

Friesland-Therme Horumersiel

Zum Hafen 3
26434 Wangerland-Horumersiel
T. 04426 98 72 22
Mo–Fr 10–19 Uhr
Sa und So 10–18 Uhr

5 **Entdecken**
Wilhelmshaven umzu

Die verbotene Insel

Die ostfriesischen Inseln sind Tourismusgebiete. Bei zwei Inseln aber gilt: besuchen verboten! Memmert vor Juist und Mellum am Ausgang des Jadebusens sind Vogelinseln und dürfen nur von Vogelwarten betreten werden. Der Naturschutzverein Mellumrat betreut „seine" Insel. Wenige Male im Jahr bietet er geführte Tagesausflüge mit begrenzter Teilnehmerzahl auf die Insel an, bei der schon die Überfahrt abenteuerlich ist.

Insel Mellum

www.mellumrat.de/schutzgebiete/mellum/mellum-exkursionen

Informationen und Tickets:
Reederei Cassen Eils
T. 04721 66 76 00

6 Genießen
Wilhelmshaven umzu

Gelassen und gemütlich

Wo die letzte Nordseewelle am Dangaster Strand ausrollt, geht es hoch zum Kurhaus. Dies ist ein spezieller Ort mit einer unkonventionellen Gastfreundschaft. Locker und leger führt Maren Tapken ihr Haus. Seit 1884 befindet es sich im Familienbesitz. Weit weg von feiner, großbürgerlicher Sommerfrische bietet das Kurhaus vor allen Dingen eins: gelassene Gemütlichkeit. Handgemachte, einfache Speisen und Kuchen sind eine Spezialität. Der heiße Rhabarberkuchen ist legendär und gehört zur Küste wie Wind und Meer.

Kurhaus Dangast
An der Rennweide 46
26316 Varel-Dangast
T. 04451 4409
www.kurhausdangast.de
Fr–So und feiertags 9–19 Uhr

7 Erleben
Wilhemshaven umzu

Magischer Realismus im Fischerhaus

Er kam und blieb. 1921 war der junge Maler Franz Radziwill (1895–1983) im verschlafenen Fischerdorf Dangast zum erstenmal bei einem Freund zu Gast. Zwei Jahre später erwarb er das kleine Fischerhaus an der heuti-

gen Sielstraße. Dangast ist nicht mehr so verschlafen, das Haus des Freundes, später das Franz Radziwill Haus, steht noch genauso in den Dünen wie früher. Große Expressionisten wie Schmidt-Rottluff oder Heckel besuchten Radziwill, malten und schnitzten mit ihm. Der Maler brauchte die Idylle und Ruhe, um abseits der urbanen Turbulenzen sein Werk zu entwickeln. Sein magischer Realismus, so wird Radziwills Werk eingeordnet, beweist, dass Abgeschiedenheit und Idylle nicht Weltfremdheit bedeutet.

Franz Radziwill Haus
Sielstraße 3
26316 Varel-Dangast
T. 04451 2777
www.radziwill.de
Mi–Fr 15–18 Uhr, Sa–So 11–18 Uhr
November und Dezember
Fr 15–18 Uhr, Sa–So 11–18 Uhr

8 **Erleben**
Wilhemshaven umzu

Watt'n Blick

Kurverwaltungen sind unter Umständen nicht die Orte vor denen man begeistert Schlange stehen möchte. Aber das Weltnaturerbeportal in Dangast ist wirklich eine Wucht. Neben einem Restaurant, Schwimmbad und der Touristeninformation ist in dem Haus auch eine sehr bequeme Lounge untergebracht. Wenn Sie keine Lust mehr auf die Lektüre der ausliegenden Tageszeitungen haben, lümmeln Sie sich in die Sessel und genießen Sie den tollen Ausblick auf den Jadebusen!

Kurverwaltung Dangast
Weltnaturerbeportal
Edo-Wiemken-Straße 61
26316 Varel-Dangast
T. 04451 911 40
www.dangast.de
Mo–Fr 9–17 Uhr, Sa–So 10–16 Uhr

9 **Entdecken**
Wilhemshaven umzu

Stein des Anstoßes

Kunst in Dangast gibt es reichlich. Ob der Phallus am Strand vor dem Kurhaus dazu gehört, darüber wurde lange heftig gestritten. Als Eckhart Grenzer 1984 sein 4,6 Tonnen schweres Monumentalwerk direkt an der Hochwassergrenze installierte, war die Aufregung riesengroß. Heute „erregt“ sich niemand mehr über den Jadepenis.

Dangaster Phallus
An der Rennweide 46
26316 Varel-Dangast
www.kurhausdangast.de/der-phallus

10 Entdecken
Wilhemshaven umzu

Ein Ort voller Kunst

Franz Radziwill lebte und arbeitete in Dangast. Er bewirtete viele Freunde aus der expressionistischen Kunstszene. Die haben in Dangast natürlich auch gearbeitet. Ein Kunstpfad durch das Dorf zeigt die hier entstandenen Bilder. Die Tafeln stehen an den Standpunkten, an denen die Künstler ihr Motiv fanden. Spannend ist es, die echten Vorbilder mit den Werken zu vergleichen. Eine kunsthistorische Schnitzeljagd.

Dangaster Kunstpfad

www.dangast.de/entdeckungspfade.html
ca. zehn Führungen im Jahr, Info unter T. 04451 911 40

11 Erleben
Wilhemshaven umzu

Spielscheune, Karussells und Tierpark

Halligalli an der Jade. Immer, wenn das Wetter nicht so mitspielt, muss man mit Kindern trotzdem wohin. Da gibt's im Freizeitpark Jaderberg viel zu unternehmen. Tiere gucken ist dann manchmal Nebensache. Die Kids rennen zur Gondel- und zur Achterbahn, bei der Opa und Oma gut überlegen sollten, ob sie genau da das Glühen in den Augen der Enkel sehen wollen. Man kann ja auch von außerhalb zuschauen, wenn man nicht schwindelfrei ist. Oder doch lieber mitmachen!

Freizeitpark Jaderberg

Tiergartenstraße 69
26349 Jaderberg
T. 04454 911 30
www.jaderpark.net
Mitte März bis Ende Oktober tgl. 9–18 Uhr
November bis Mitte März Mo–Fr 14–18 Uhr, Sa–So 10–18 Uhr

12 Entdecken
Wilhelmshaven umzu

Der Turm des Fräuleins von Jever

Um sich zu erheitern, ließ das Fräulein von Jever, Maria, in Sande 1568 auf dem Anwesen „Grashus up dem Sand" ein Schloss bauen. 1822 musste der Bau wegen Einsturzgefahr abgerissen werden. Aber der Turm, der Marienturm, ist erhalten geblieben und das Wahrzeichen von Sande. Nach einem Spaziergang über die Anlage lohnt sich die Einkehr in das benachbarte Marienstübchen. Im Café gibt es selbstgebackenen Kuchen.

Gut Altmarienhausen

Alt-Marienhausen 2
26452 Sande
T. 04422 958 80
www.sande.de

13 **Entdecken**
Wilhelmshaven umzu

Eine Burg gegen die Friesen

1462 ließ Gerd zu Oldenburg eine Burg an der Grenze zwischen Ostfriesland und dem Oldenburger Land errichten. „Um die Friesen in Angst und Schrecken zu versetzen", wie er beim Einzug erklärt haben soll. Zum Glück verwischen sich heute die Grenzen, und das schmucke Schloss dient friedlichen Zwecken: es ist Kindergarten, birgt eine vogelkundliche Sammlung, hält ein Trauzimmer vor und ist Sitzungssaal des Gemeinderates Zetel.

Schloss Neuenburg
Schloßgang 1
26340 Zetel
http://www.neuenburger-schloss.de

14 Entdecken
Wilhelmshaven umzu

Neustadtgödens

Im Zuge der Eindeichungen des Jadebusens wurde 1544 ein Siel gebaut. Der kleine Hafen versandete und wurde zum Kern von Neustadtgödens. Es ist eines der schönsten Dörfer der Region. Der Ort war bekannt für seine Toleranz und religiöse Vielfalt. Mennoniten, Reformierte, Evangelisch-Lutherische und Juden lebten hier jahrhundertelang friedlich zusammen. Bis 1972, vor der Gebietsreform, gehörte das Dorf zu Ostfriesland, jetzt ist der Landkreis Friesland (Oldenburger Land/Wesermarsch) die politische Heimat. Die Einwohner geben sich eine Menge Mühe, den historischen Charakter ihres Dorfes zu erhalten. Es gibt so gut wie keine Bausünden. Witzig sind die erfundenen Schilder an den Häuschen, die alte Handwerksberufe kennzeichnen. Neustadtgödens ist ein Muss!

15 Entdecken

Wilhelmshaven umzu

Synagoge im Originalzustand

Das Haus in der Mitte des Dorfes ist eine der beiden erhaltenen Synagogen in der Region (die andere steht in Dornum). Sie wurde 1852 gebaut und diente bis 1902 auch Juden aus Wilhelmshaven als Gotteshaus. Weil die Gemeinde später zu klein wurde, musste das Haus verkauft werden und gelangte in private Hände. So überstand es den Nationalsozialismus. Heute ist die Synagoge restauriert und in den Originalzustand versetzt. Im Untergeschoss ist eine Dauerausstellung eingerichtet, die bei Führungen besichtigt werden kann. Im Obergeschoss befinden sich Ferienwohnungen.

Synagoge Neustadtgödens

Kirchstraße 47
26452 Sande-Neustadtgödens
Informationen über Schloss Jever T. 04461 96 93 50
oder Gemeinde Sande T. 04422 95 88 35

16 Entdecken

Wilhelmshaven umzu

Von der Kirche zum Café

Mennoniten gründeten im 16. Jahrhundert das Dorf Neustadtgödens. 1745 erbauten sie eine Kirche im Ort. 1885 wurde hier der letzte Gottesdienst gefeiert. Seit 2005 ist die Kirche ein Café. Viel Restauration gibt es in Neustadtgödens nicht. Aber die restaurierte Kirche ist ein Schmuckstück!

Mennonitenkirche Neustadtgödens

Brückstraße 33
26452 Sande-Neustadtgödens

17 Entdecken
Wilhelmshaven umzu

Burg mit uriger Schenke

Der Häuptlingssitz aus dem Jahre 1438 brannte leider im 17. Jahrhundert beinah ab. Verschont blieb der Marstall, der später als Grafenwohnung ausgebaut wurde. Innerhalb eines großen Parks beherbergt die Burg private Wohnungen und den Ahnensaal mit einer Ahnengalerie der von Inn- und Kniphausen. Der Saal ist öffentlich und wird für Konzerte und Ausstellungen genutzt. Auf dem Gelände befindet sich auch eine äußerst gemütliche und urige Burgschenke!

Burg Kniphausen
26384 Wilhelmshaven/Fedderwarden
T. 04423 36 78 45
www.stiftung-burg-kniphausen.de
Mi und Sa 15–17 Uhr, So 11–17 Uhr

Burgschenke
T. 04423 1377
www.burgschenke-kniphausen.de

18 Erleben
Wilhelmshaven umzu

Klettern am Bunker

Ostfriesland ist flach? Weit gefehlt. Man kann sogar alpin klettern. In Sande, direkt neben dem Bahnhof, am „Monte Pinnow" ragt an einer Bunkerwand mit 18 Metern Höhe die höchste künstliche Kletterwand Niedersachsens. Am Hauptturm ist für alpines Training ein Klettersteig angebracht. Ein kleinerer Hügel aus Naturstein soll aber auch Anfänger animieren, nach den Sternen zu greifen.

Monte Pinnow
Bahnhofstraße 1
26452 Sande
T. 04421 69 90 75
www.dav-wilhelmshaven.de

19 **Erleben**
Wilhelmshaven umzu

Vareler Hafen

Der Hafen scheint aus der Zeit gefallen zu sein. In seinem wirtschaftlichen Auf und Ab hat er seit der Sicherung durch den Sielbau 1733 nie besondere überregionale Bedeutung erlangt. Heute liegen hier Sportboote, einige Fischer haben hier ihren Heimathafen. Interessanter könnten die kleinen Kneipen, Aalräuchereien und Restaurants am Hafenbecken sein.

20 Genießen
Wilhelmshaven umzu

Brauhaus am Wasser

Eine der drei ostfriesischen Landbrauereien auf dem Festland ist die Vareler Brauerei am Hafen. Ihr Tide Bier ist prall, süffig, herb. Ausgeschenkt wird es im Restaurant oder auf der Terrasse vor der Hafenkulisse. Zu besonderen Zeiten gibt es das Märzen, das Weihnachtsbier oder auch das heftige Oktoberfestbier. Die Restaurantküche ist eher edel – mit absolut frischem Fisch.

Vareler Brauerei
Am Hafen 2a
26316 Varel
T. 04451 3091
www.vareler-brauhaus.de

21 Entdecken
Wilhelmshaven umzu

Rund um Hooksiel

Um den Hafen Hooksiel führt ein herrlicher Wanderweg. Man braucht ein wenig Ausdauer, aber es lohnt sich. Der Wanderweg kann verkürzt werden. Ansonsten wandert man vom Hafen Hooksiel vier Stunden durch Dünen, Wald und Küste. Zu Hälfte des Marsches, am Meer, finden sich einige Attraktionen wie Wasserskipisten. Am Schluss, im Hooksieler Hafen, warten dann einige Restaurants und Cafés zur Wiederauffrischung der Körperkräfte.

Hafen Hooksiel
Am Hafen 1
26434 Wangerland

365 Tipps für einen schönen Tag in Ostfriesland

Ostfriesland querbeet

1 Entdecken
Ostfriesland querbeet

Autorin mit sozialem Engagement

Die Leeranerin Wilhelmine Siefkes (1890-1984) war Lehrerin und eine bedeutende niederdeutsche Schriftstellerin. Zunächst unpolitisch stand sie später der Sozialdemokratie nahe. Die Nazis erteilten ihr Schreibverbot. 1940 reichte sie anonym ihr Manuskript „Keerlke" für den niederdeutschen Johann-Hinrich-Fehrs Literaturpreis ein. Der wurde ihr zugesprochen. Keerlke gehört zu den herausragenden literarischen niederdeutschen Arbeiten. Das Buch schildert die harte Kindheit von Hinni genannt Keerlke. Nach dem Krieg arbeitete Siefkes als freie Schriftstellerin und setzte sich besonders für die deutsch-niederländische Aussöhnung ein. Der Roman Keerlke ist zwar auf Niederdeutsch geschrieben, aber auch für Nicht-Ostfriesen lesbar, zumal der Schuster Verlag seinen Ausgaben dankenswerterweise ein Vokabular nachgestellt hat.

Wilhelmine Siefkes

„Keerlke. En gang dör en Kinnerland", Schuster Verlag

2 Erleben
Ostfriesland querbeet

Ostfriesischer Schangsongjer

Was Hans Albers für Hamburg und Harald Juhnke für Berlin ist, das ist Hannes Flesner (1928–1984) für Ostfriesland. Leider ist er weniger berühmt als seine „Brüder". Seine journalistische Laufbahn begann Flesner in einer örtlichen Lokalzeitung. Über Oldenburg kam er zur Bildzeitung nach Hamburg. Die gönnte sich damals seine kenntnisreiche Jazz-Kolumne. Als PR-Chef von Philips betreute er unter anderem James Last. Er schrieb Schlagertexte für Alexandra und Trude Herr und ist der offizielle „Erfinder" der Ostfriesenwitze. Legendär ist Flesner als oftmals ernster „Schangsongjer" seiner Songs auf Platt. Beim „Bottermelktango" oder dem „Gröön-Bohnen-Rock ´n Roll" erleben Sie Ostfriesen im Ausnahmezustand.

Hannes Flesner

Werner Jürgens: „Gröön-Bohnen Rock ´n Roll",
Jelo Musikverlag, Forstweg 15, 26789 Leer
Songs und Witze kann man bei YouTube anhören
Von Hannes Flesner liegt eine Doppel-CD vor

3 Entdecken
Ostfriesland querbeet

Segeln und spionieren

Der irische Revolutionär (Robert) Erskine Childers hat neben vielen Sachbüchern nur einen Roman geschrieben: „Das Rätsel der Sandbank" (1902), einer der ersten Spionagethriller. Was in Ostfriesland als entspannte Segeltour beginnt, mündet in den Wirren übelster Spionage und weltweiter Aufrüstung vor dem Ersten Weltkrieg. Dreh- und Angelpunkt bleibt aber die Nordseeküste. Bitte bei der hinreißenden Lektüre nicht vergessen, sich Ostfriesland auch „in echt" anzuschauen!

Erskine Childers
„Das Rätsel der Sandbank", Diogenes Verlag

4 Genießen
Ostfriesland querbeet

Überall Leichen

Der Mann ist ein Phänomen. Er schreibt und schreibt und schreibt. 1954 in Gelsenkirchen geboren, wurde er mit Theaterstücken und Drehbüchern für den „Tatort" und den „Polizeifunk 110" bekannt. Der ehemalige Kommunist engagiert sich für Arbeitslose, Jugendliche und Flüchtlinge – in Büchern, Theaterstücken und Filmen. Seit er in Norden/Ostfriesland wohnt, lässt er dort spektakulär morden. In seinen Ostfrieslandkrimis ermittelt seine Kommissarin Ann-Kathrin Klaasen. Sie lebt, säuft, leidet und findet überall Leichen. Falls Sie in seinen Büchern Norden, Aurich, die Küste wiedererkennen, ist das gewollt. Wolfs Bücher erscheinen im Fischer Verlag.

Klaus-Peter Wolf
www.klauspeterwolf.de

5 **Entdecken**
Ostfriesland querbeet

Wallhecken

Friedrich der Große schenkte 1765 ostfriesischen Pionieren Land, damit sie es urbar machten. Aus Gemeinschaftsbesitz wurde Privateigentum. Die Siedler umfriedeten „ihr" Land. Sie warfen Wälle auf und bepflanzten sie mit undurchdringlichen Weißdorn, Schlehen und Brombeeren. Diese Wallhecken verhinderten das Austrocknen der Weiden. Sie lieferten im waldarmen Ostfriesland kostbares Holz. Heute prägen Wallhecken das Landschaftsbild im Binnenland. Sie stehen unter Naturschutz, weil sie ein spezielles Kleinklima bilden und besonderen Tieren und Pflanzen Lebensraum bieten. Zwischen Leer und Aurich (Hesel) und um Breinermoor im Landkreis Leer gibt es noch viele intakte Wallhecken zu entdecken.

Wallhecken-Umwelt-Zentrum
Feldstraße 34
26789 Leer
T. 0176 265 19 76
www.wallhecken.de

Entdecken

Ostfriesland querbeet

Deiche

Weil sie das Land mit Deichen vor dem Meer schützten, erließ Karl der Große den Ostfriesen den Heeresdienst. Das war die Grundlage der „Friesischen Freiheit", der weitgehend selbstbestimmten Entwicklung ohne adelige Knechtung Ostfrieslands. Kein Wasser ins Land zu lassen und das Wasser aus dem Binnenland zum Meer zu führen ist bis heute eine (Über-) Lebensaufgabe der Menschen an der Küste. Auf den Deichen an Küste und Flüssen lässt sich trefflich und mit weitem Blick das Land entlangwandern. Mit entsprechendem Schuhwerk können sie Ostfriesland von einer ganz anderen Seite kennenlernen.

7 **Erleben**

Ostfriesland querbeet

Wulkjes

„Wulkjes" nennen die Ostfriesen liebevoll ihre „Himmelsgemälde des Windes". Schottland hat seine Wetterwechsel, Skandinavien sein besonderes Licht, Frankreich im Süden seinen Duft von Lavendel. Unverwechselbar für Ostfriesland sind seine tobenden, fliegenden, jagenden Wolken. Ob im Rheiderland, an der Küste oder im tiefen Binnenland bei Uplengen um Remels, gönnen Sie sich doch mal eine Pause. Legen Sie sich ins Gras oder an den Deich und träumen Sie den Wolken nach.

8 Entdecken
Ostfriesland querbeet

Alleen
Gemeinhin kennt man Ostfriesland als weites flaches Land mit viel Wasser. Aber abseits der Hauptverkehrswege zeigt sich die alte Siedlungsstruktur in Form von wunderschönen Alleen. Straßen oder besser befahrbare Wege wurden in der Regel auf Wällen gebaut, deren Verlauf mit Bäumen markiert wurden. Sehenswerte Alleen gibt es unter anderem bei Neudorf, auf dem Weg von Bagband nach Wiesmoor, bei Firrel und in Neuemoor.

9 Erleben
Ostfriesland querbeet

Von Emden nach Wilhelmshaven
Es war wieder mal Kaiser Wilhelm II., der seine Marinestadt Wilhelmshaven im Oldenburgischen mit dem damals preußischen Ostfriesland verbinden wollte. Also ließ er den gut 70 km langen Ems-Jade-Kanal (Foto: bei Mariensiel) von Emden über Aurich nach Wilhelmshaven bauen (1880 – 1888). Sechs Schleusen müssen Schiffe in seinem Verlauf passieren, 41 Brücken queren ihn. Seine wirtschaftliche Bedeutung steht heute hinter seiner touristischen zurück. Denn viele kleine

Sportboothäfen liegen am Kanal. An seinen Ufern verläuft ein wunderschöner Wander- und Radweg. Außerdem entwässert er die oft niedriger liegenden Flächen und führt das Wasser über den Emder und Wilhelmshavener Hafen ab.

Ems-Jade-Kanal
www.nlwkn.niedersachsen.de (emsjadekanal)

10 Entdecken
Ostfriesland querbeet

Unter NN
Jahrelang stritten Freepsum in der Krummhörn und Ditzumerverlaat im Rheiderland (Wynhamster Kolk) um die vermeintliche Ehre, den tiefsten Punkt Deutschlands in ihren Dorfgrenzen vorzeigen zu können. Beide schummelten und sprechen mittlerweile nur noch von den tiefsten Punkten in Niedersachsen. Geeinigt haben sie sich bis heute nicht und locken Gäste jeweils zu „ihrem" Tiefpunkt. Beide Orte sind sehr besuchenswert. Der tiefste Punkt Deutschlands liegt allerdings in Neuendorf bei Wilster in Schleswig-Holstein.

Tiefpunkte
26736 Krummhörn-Freepsum
www.freepsum.com/umgebung
26831 Bunde-Ditzumerverlaat
www.nordwestreisemagazin.de/muehlen/dollart

11 Erleben
Ostfriesland querbeet

Boßeln und Klootschießen
Die Ostfriesen waren ein wehrhaftes Volk. Deswegen vermutet man, dass der Ursprung ihres Nationalsports militärische Wurzeln hat. Die zivile Variante des Kugelwerfens macht jedenfalls ungeheuren Spaß. Beim Klootschießen wird, wenn im Winter die Weiden gefroren sind, eine Kugel – der Kloot – mit heftigem Anlauf und einem wuchtigen Sprung über eine Rampe ins Feld geschleudert. Wer am weitesten wirft, hat gewonnen. Leichter ist die Abwandlung des Boßelns: Über

eine stille Straße werfen je zwei Mannschaften eine Gummi-, Eisen- oder Holzkugel und wandern ihr nach. Verschwindet das Sportgerät in einem Graben, wird sie mit einer speziellen Stange (Klootsoeker) herausgestochert. Die Mannschaft, die nach einer vorher festgelegten Anzahl von Würfen mehr Strecke zurückgelegt hat, ist Sieger. In Vereinen gespielt, ist Boßeln eine ernste Sache. Da dürfen Sie als Mäkler und Käkler (kritischer Zuschauer) mitmarschieren – nicht werfen. Aber fast jede größere Kneipe, die Stadtverwaltungen und die Touristenvereine verleihen das Boßel-Equipment an normal Sterbliche und geben Tipps für gute Strecken. Der immer dazugehörende Bollerwagen wird in der Regel selbstständig mit diversen Alkoholika und Wegzehrung gefüllt. Ob Opa, Oma, Mama, Papa, Kids: Allen macht Boßeln riesigen Spaß!

12 Erleben
Ostfriesland querbeet

Auf Grund wandern

Wandern auf dem Meeresgrund! Hüfttief durch Priele! Endloser Horizont! Wattwanderungen sind das Alleinstellungsmerkmal der Nordseeküste. Eine Tour bei Ebbe vom Festland zu einer der Inseln ist so einzigartig wie der Aufstieg auf den Mount Everest. Respekt vor der Natur ist hier selbstverständlich. Von allen Küstenhäfen laufen ausgebildete und kenntnisreiche WattführerInnen ins Meer. Achtung eins: Nie allein ohne Führung ins Watt gehen! Achtung zwei: Angemessene Kleidung! Achtung drei: Sonnenschutz! Dann steht einem bewegendem Erlebnis nichts mehr im Priele.

Wattwanderungen

www.ostfriesland.de, Suchbegriff Wattwanderung

13 Erleben
Ostfriesland querbeet

Vom Rad ins Kanu und umgekehrt

Mehr Ostfriesland geht nicht! Mit dem Rad und dem Kanu das Land entdecken, dieses Angebot macht „Paddel und Pedal“, eine ostfrieslandweite Einrichtung. An 20 festen Stationen kann man Räder oder Kanus ausleihen und vom Rad aufs Kanu umsteigen (oder umgekehrt). Ob Tagestour oder längere Ausflüge mit Übernachtung, alles kann gebucht werden. Die Stationen halten Tourentipps bereit und geben Einführungen in die Paddelkunst.

Paddel und Pedal
www.paddelundpedal.de

14 Entdecken
Ostfriesland querbeet

Radfahren

Ostfriesland ist Fahrradland. Fast überall können Sie sich Räder ausleihen. Mittlerweile bringen viele Gäste ihren eigenen Drahtesel mit. Über *ostfriesland.de* können Sie sich *kostenlos eine Radkarte* bestellen (die auch eine gute Orientierung über die gesamte Küstenlandschaft bietet!). Die darin vorgeschlagenen Touren sind aber bei weitem nicht die einzigen Möglichkeiten, die Region zu erradeln. Grundsätzlich sind alle Radwanderwege überall gut ausgeschildert. An vielen Schnittstellen können Sie entscheiden, wohin und wie weit Sie fahren möchten.
www.ostfriesland.de

15 Erleben
Ostfriesland querbeet

Hochseeangeln

Ein wenig kann man sich wie Kapitän Ahab fühlen, wenn man auf der Albatros (Bensersiel), der Möwe (Bensersiel), der Freia (Dornumersiel) oder der Gorch Fock (Neuharlingersiel) in See sticht. Die alten Fischkutter tuckern zu den Fischbänken auf Hochsee. Vielleicht gelingt es Ihnen, „Ihre" Makrele zu fangen! Ein Abenteuer ist es allemal, durch die Wellen zu schaukeln auf der Jagd nach dem wirklichen Riesenfisch. Informationen vor Ort und in den Fremdenverkehrsbüros.

16 Erleben
Ostfriesland querbeet

Schöfeln

Weil es früher vielfach keine guten Straßen gab, sehnten Ostfriesen einen kalten Winter herbei. Dann konnten sie über zugefrorene Seen, Moore, Tiefs und Flüsse ihre Nachbarn besuchen – auf Schöfeln. So heißen hier die Schlittschuhe. Noch immer sind die Ureinwohner verrückt aufs Schlittschuhfahren. Es hat etwas Traumwandlerisches, durch den Frostnebel auf einem Tief durchs Land zu gleiten. Oft organisieren Dörfer Wettkämpfe gegeneinander (Ditzum-Petkum-Bunde). Völlig ins Eis vernarrt sind die Niederländer. Sind die Grachten und Tiefs zugefroren, findet die fast 200 Kilometer lange „Elfstedentocht" statt. Ein Schlittschuhmarathon für Profis und Laien durch ganz Nord-Niederland.

17 Erleben
Ostfriesland querbeet

Zu Fuß mitten durch

Wer Ostfriesland in aller Ruhe erforschen will, der sollte sich den Ostfriesland-Wanderweg zur Brust nehmen. Er führt von Papenburg im Emsland über 97 Kilometer direkt an die Nordsee nach Bensersiel. Teilweise verläuft er über die historische Trasse der Kleinbahn Jan Klein. Man kann ihn erwandern, aber auch als Radtour ist er äußerst attraktiv. Nirgendwo kann man die verschiedenen Facetten Ostfrieslands, seine Städte, Dörfer, Wälder und Wiesen so erfahren wie auf dieser Tour.

Ostfriesland-Wanderweg

Informationen auf verschiedenen Ostfriesland-Tourismus-Portalen

18 **Erleben**
Ostfriesland querbeet

Vogelparadies

Ab Ende Oktober rauscht es am Himmel. Dann kommen hunderttausende Wildgänse und Watvögel aus aller Welt nach Ostfriesland. Wenn die Tiere morgens von ihren Schlafplätzen zum Fressen über die Deiche schnattern, ist das ein sensationelles Erlebnis. Besonders rund um den Dollart kann man die Tiere beobachten, die sich hier für ihre Weiterreise Speck anfressen. Sensationell sind die taumeligen Flugfiguren tausender Alpenstrandläufer, die wie riesige Wellen in farblichem Wechsel durch die Lüfte trudeln.

Überhaupt ist Ostfriesland das ganze Jahr über ein atemberaubendes Vogelparadies. Säbelschnäbler durchpflügen mit ihren imposanten Schnäbeln das Watt, Schnepfen und Kiebitze picken sich durch die letzten, von der intensiven Landwirtschaft übrig gelassenen, Wiesenreservate und Brachvögel stochern mit ihren lustigen Schnäbeln in Feuchtgebieten herum. An vielen Stellen in Ostfriesland, an kleinen Seen und Feuchtwiesen, haben Naturschützer Vogelbeobachtungstürme eingerichtet. Lassen Sie sich die ostfriesische Wildnis nicht entgehen.

Vogelbeobachtung

www.nabu-ostfriesland.de
www.ostfriesland.de Natur erleben
Informationen und Veranstaltungen zur Zugvogelzeit:
www.nationalpark-wattenmeer.de Niedersachsen

19 Erleben
Ostfriesland querbeet

Für den Schutz des Wattenmeers

Wichtiger Bestandteil des Wattenmeerschutzes sind die Nationalparkhäuser. Didaktisch ausgeklügelt und informativ erklären sie das Weltnaturerbe Wattenmeer. Insgesamt 13 Einrichtungen gibt es an Niedersachsens Küste und auf den Inseln. Sie organisieren auch Wattwanderungen und andere Aktionen. Trotz ihres Engagements führt das Erleben in den Nationalparkhäusern leider nicht zu mehr Schutz der sensiblen Meeresbiotope.

Nationalparkhäuser Wattenmeer

www.nationalpark-watten meer.de (Niedersachsen/Lernen&Erleben)

20 Erleben
Ostfriesland querbeet

Indoor-Spielplätze

Zwar gibt es in Ostfriesland kein schlechtes Wetter, nur falsche Kleidung. Trotzdem kann es vorkommen, dass „feuchter Sonnenschein“ Ihnen die Urlaubsplanung verhagelt.
Neben vielen anderen Möglichkeiten bleibt gestressten Eltern die Option, Indoor-Spielplätze zu besuchen. Hier können sich die lieben Kleinen auspowern. Dann klappt es auch mit dem ruhigen Abendbrot. Indoor-Spielplätze gibt es in: Leer, Emden, Wiesmoor, Dornum, Esens, Wangerland, Bensersiel und Norden.

21 Entdecken
Ostfriesland querbeet

Mühlen

Ostfriesland ohne Windmühlen, das ist wie Nordsee ohne Wasser. Etwa 180 gab es um 1900, heute sind es noch gut 80. Die erste urkundlich ewähnte Mühle wurde ab 1424 in Esens betrieben, die älteste erhaltene steht am Ortseingang von Dornum (Bockwindmühle von 1626), die hier abgebildete Sterrenbergsche Mühle von 1880 in der Gemeinde Upgant-Schott, Landkreis Aurich. Nur noch eine

Mühle arbeitet gewerbsmäßig als Kornmühle (Spetzerfehn). Viele Mühlen dienten allerdings der Entwässerung und nicht der Mehlgewinnung. Etliche werden von ehrenamtlichen Helfern betrieben, sind zu besichtigen, oft gibt es Mühlenfeste mit Brotbacken. Einen Überblick über alle Mühlen in Ostfriesland finden sie auf Wikipedia („Mühlen Ostfrieslands“). Im Buchhandel gibt es auch einige Bücher über die Mühlenlandschaft an der Küste.

22 Entdecken
Ostfriesland querbeet

Stolpersteine

Vor allen Dingen in Emden (zwischen Larrelter Straße und Wolthuser Straße) und Aurich (Altstadtviertel um den Lambertihof) wird an das ehemals blühende jüdische Leben in Ostfriesland erinnert. Kleine Metallplatten mit den Namen jüdischer BürgerInnen sind in Gehwege vor den Häusern eingelassen, in denen sie bis zu ihrer Deportation wohnten, oft mitten in den Innenstädten. Diese Erinnerungsform ist in der jüdischen Glaubenstradition nicht vorgesehen und einige jüdische Gemeinden lehnen die Stolpersteine ab. In Ostfriesland dokumentieren die kleinen Messingplatten, wie unmittelbar das Zusammenleben zwischen Juden und Nichtjuden vor 1933 war.

23 Entdecken
Ostfriesland querbeet

Kleine Wehrkirchen, große Dome

Es gibt nur wenige Regionen, in denen so viele verschiedenartige mittelalterliche Kirchen auf engem Raum zu besuchen sind wie in Ostfriesland. Kleine Wehrkirchen, Schutzkirchen, die Mensch und Tier vor dem blanken Hans retten mussten, majestätische Dome – alle Formen und Stile sind vertreten. Da im freien Ostfriesland jedes Dorf ein eigenes Biotop darstellte, hat jedes Dorf, jede Stadt sein eigenes Gotteshaus. Eine schöne Kirchen-Route liegt am rechten Emsufer, ab Leer über Esklum, Driever, Grotegaste und Mitling Mark Richtung Papenburg (Rechte Abbildung: die Neue Kirche in Emden). Aber auch in der Krummhörn gibt es schöne Kirchengebäude zu entdecken.

Alte Kirchen

Einen guten Überblick bietet die „Liste der historischen Kirchen in Ostfriesland“ bei Wikipedia

24 Genießen
Ostfriesland querbeet

Bäuerliche Köstlichkeiten 1

Melkhuskes stehen in Ostfriesland entlang der Radwanderwege der Fehn- und Dollartroute oder mitten im Gelände. Man muss aber nicht unbedingt Rad fahren, um in den Genuss der bäuerlichen Köstlichkeiten zu kommen. In den urigen Häuschen bieten Bauernhöfe selbstgemachte Produkte aus Milch, Snacks und Kaltgetränke an. Die „Bedienung“ ist immer so herzlich, da macht die Radtour oder die Wanderung noch mehr Spaß.

Melkhuskes

Ein Verzeichnis gibt es auf www.ostfriesland.de (mein ostfriesland/bummeln und kulinarik)

25 Genießen
Ostfriesland querbeet

Tee

Es soll immer noch Cafés geben, die Tee in einem Glas und mit Teebeutel servieren. Fragen Sie nach echtem Ostfriesentee und verlangen ein typisches Gedeck. In den beiden Teemuseen in Norden und Leer können Sie die Teezeremonie in „echt“ genießen. Anderenorts sollten Sie darauf bestehen: feine Tässchen, Teekanne auf Stövchen, grober Kandis (Kluntjes) und mindestens Sahne (original ist Rahm). Legen Sie den Kandis in die Tasse, schütten Sie den Tee darauf, drehen Sie mit dem Sahnelöffel die Sahne über den Tee. Nicht umrühren!! Lehnen Sie sich zurück, beginnen Sie den Tee zu schlürfen. Dreimal nachschütten ist Ostfriesenrecht.

26 Genießen
Ostfriesland querbeet

Stint

Natürlich denkt jeder an Scholle oder Grünkohl, wenn es um Ostfrieslands kulinarische Genüsse geht. Bitte, bitte, wenn es möglich ist, so ab Februar, probieren Sie Stint. Die kleinen Fische werden in Buchweizenmehl gewälzt, frittiert und im Ganzen gegessen. Wenn es noch Knoblauchsoße dazu gibt – köstlich. Leider ist der Stint überfangen oder aus Gründen der Umweltverschmutzung nicht mehr so häufig in den Küstengewässern anzutreffen. Vielleicht haben Sie aber Glück und bekommen in Bruhns Fischimbiss in Ditzum, im Luv up in Jemgum oder in einer anderen Küstenrestauration zur Saison Stint. Immer nachfragen!

27 Entdecken
Ostfriesland querbeet

Bäuerliche Köstlichkeiten 2

Die Landwirtschaft sichert unsere Lebensmittelversorgung. Wenn Sie das direkt erleben wollen, dann kaufen Sie mal in einem echten Bauernhofladen ein. Es gibt mittlerweile sehr viele, weil die Bauernfamilien nicht nur ihre eigenen Anbauprodukte verkaufen, sondern auch selbstgemachte Marmeladen, Wurst, Fleisch und Gemüse. Trauen Sie sich! Gehen Sie mal am Supermarkt vorbei und schauen „bi ons“ rein. Es gibt auch viele Ökoläden auf dem Land. Haben Sie wirklich schon mal ein echtes Bauernökohähnchen gegrillt? Kostet was, ist auch was.

Hofläden

Ein Verzeichnis gibt es auf www.ostfriesland.de (mein ostfriesland/bummeln und kulinarik/regionale spezialitäten)

28 Genießen
Ostfriesland querbeet

Kibbeling

Es ist Fastfood. Aber ein sehr köstliches. Wenn es wirklich frisch ist, kniet man davor nieder! Kibbeling ist eine niederländische Spezialität, panierte Kabeljaustücke mit Knoblauchsoße. Seit einigen Jahren gibt es die Leckerei auch in Ostfriesland – von niederländischen Anbietern. Tipp: Freitags steht in Bunde vor dem Combi ein niederländischer Imbisswagen; ebenso in Leer, Am Dock hinter der Polizei. Den besten Kibbeling gibt es aber in Termuntensiel (NL), nicht zu verfehlen, da ist nichts, nur ein Schnellrestaurant!

29 Genießen
Ostfriesland querbeet

Snirtje

Neben Grünkohl ist Snirtje das Nationalgericht der Ostfriesen. Das Gericht stammt aus der Zeit der Hausschlachtungen. Fette, größere Stücke aus Nacken und Bauch eines frisch zerlegten Schweins werden scharf angebraten und mit kräftig gewürzter brauner Soße, Kartoffeln und Ditjes und Datjes (eingelegte Rote Bete, Kürbis und anderes) serviert. Heute nimmt man eher fettarmes Schnitzelfleisch. Schrecklich. Wenn die Soße nur stimmt, essen Sie wie Gott in Ostfriesland. Snirtje wird vornehmlich in der kalten Jahreszeit (Hausschlachtzeit) angeboten. Im Sommer: Finger weg!

30 Genießen
Ostfriesland querbeet

Kruiden

Manche nennen es chemische Keule, andere schwören auf seine heilende Wirkung. Der Kruiden ist in Ostfriesland eine Glaubenssache. Dabei handelt es sich um einen Kräuterschnaps, dessen Zusammensetzung natürlich geheim ist. Es gibt zwei Hausmarken. Egal, welche Marke Sie nach dem Essen kosten, schließen Sie Augen, wundern Sie sich und vergewissern Sie sich beim zweiten Glas, dass Sie das Getränk tatsächlich getrunken haben.

31 Genießen
Ostfriesland querbeet

Musik auf dem Deich

Geprägt durch die protestantische Kultur ist Ostfriesland ein Juwel in der Konzertszene. Niveauvolle Musikveranstaltungen gibt es das ganze Jahr über. Der Höhepunkt sind mit Sicherheit aber die Gezeitenkonzerte der Ostfriesischen Landschaft zwischen Juni und August. Jedes Jahr kommen bekannte Musikerinnen und Musiker aus aller Welt nach Ostfriesland, um an ungewöhnlichen Orten zu spielen. In Scheunen oder Kirchen oder direkt auf dem Deich, Musik kennt keine Grenzen.

Gezeitenkonzerte
Ostfriesische Landschaft Aurich
Georgswall 1 -5
26603 Aurich
04941 17 99 0
www.ostfriesischelandschaft.de
/gezeitenkonzerte

32 Entdecken
Ostfriesland querbeet

Krummhörn

Von Emden bis Norden erstreckt sich an der Küste die geschichtsträchtige Krummhörn, Heimat vieler alter Häuptlingsfamilien. Wie im Rheiderland gibt es hier noch ursprüngliches Ostfriesland zu entdecken. Orte wie Manslagt, Loquard und Groothusen sind vielleicht nicht so spektakulär wie der Ballermann auf Mallorca. Aber sie haben einen unbeschreiblichen Charme. Verlassen Sie auf jeden Fall die Hauptstraßen, bummeln Sie durch die kleinen Dörfer, entdecken Sie Menschen, Häuser, Gärten. Greetsiel (Foto) ist Tourismus pur, Pilsum liebenswert und Rysum einfach nur schön. Im späten Frühling ist die von Landwirtschaft geprägte Krummhörn ein Traum in gelb, dann blüht der Raps.

33 Entdecken
Ostfriesland querbeet

Das Fehn

Fehn, das ist eine besondere Siedlungsform in Ostfriesland. Um neue landwirtschaftliche Flächen zu gewinnen, wurden ab dem 18. Jahrhundert die Moore trockengelegt. Dazu grub man Kanäle, die der Entwässerung und als Transportwege dienten. Torf war ein wichtiges Handelsgut. Entlang dieser Kanäle wurden Werften und Wohnhäuser gebaut – wie an einer Schnur aufgezogen. An den Brücken über die Kanäle entstanden Handelsplätze mit Kneipen, Läden und Mühlen. Schön zu sehen ist das heute noch in Großefehn, Rhauderfehn, Ostrhauderfehn. Die größte, besser längste, Fehn-Stadt liegt in den Niederlanden: Stadskanaal. Die Kanäle sind immer in den Alltag der Dörfer einbezogen. Im Winter kann man herrlich auf ihnen Schlittschuh laufen, im Sommer wird gepaddelt und gefischt wie hier in Westgroßefehn. Regelmäßig rutschen auch Autos ins Wasser – das Leben an der Küste ist nicht einfach.

34 Erleben
Ostfriesland querbeet

Reif für die Insel?

Ein Tagestrip zu den Ostfriesischen Inseln lohnt sich immer. Am leichtesten ist die Überfahrt nach Norderney. Hier pendeln die Fähren fast stündlich von Norddeich aus. Vom Hafen Norderney sind es zu Fuß gut 20 Minuten bis in die Stadt. Von Norddeich aus wird auch Juist angelaufen. Von Neßmersiel geht es nach Baltrum, da sind Sie praktisch sofort im Dorf und am Strand. Von Bensersiel kommen Sie nach Langeoog und müssen mit einer Bahn ins Dorf fahren. Von Neuharlingersiel schiffen Sie sich nach Spiekeroog ein und landen direkt im Dorf. Der Strand ist durch die Dünen noch gut 20 Minuten entfernt. Harlesiel ist Abfahrtsort nach Wangerooge. Auch hier müssen Sie mit einer Bahn ins Dorf fahren. Die Überfahrten dauern etwa eine Stunde. Nach Borkum gehen die Fähren von Emden ab. Die Überfahrt dauert mindestens anderthalb Stunden. Auch hier brauchen Sie noch gut 15 Minuten, um mit der Bahn in die Stadt zu gelangen. Die Bahnfahrten sind im Fährpreis inbegriffen. Außerhalb des Sommers können die Fährtermine sehr variieren oder ganz ausfallen (Stürme, Hochwasser). Auskünfte erteilen die Häfen, die Touristenbüros, die Fährbetriebe oder Ihr Vermieter.

Fährlinks zu den Inseln

www.reiseland-niedersachsen.de/reiseziele/ostfriesische-inseln/faehrverbindung

35 Genießen
Ostfriesland querbeet

Offene Gärten

In Ostfriesland und den Nordniederlanden gibt es die gastliche Tradition, Fremde in den eigenen Garten einzuladen. Vielleicht weil das Klima so herbe ist, geben sich viele Privatleute viel Mühe mit der Pflege üppigen Grüns. Ob Stadt-, Bauern-, oder Staudengarten: immer sehenswert und kommunikativ.

In Nachbars Garten

www.innachbarsgarten.de mit Gartensuchfunktion

36 Genießen
Ostfriesland querbeet

Am Ende

Wenn Sie mit diesem Buch in der Hand Tag für Tag durch Ostfriesland wandern, paddeln, radeln oder fahren, dann haben Sie sich redlich eine ausgedehnte Pause verdient! Schnappen Sie sich einen lieben Menschen oder setzen Sie sich allein in eine Düne entlang der Küste. Vielleicht mit einer Flasche Rotwein? Egal wie, sinken Sie in den Dünensand, schauen Sie aufs Meer und vereinen Sie sich mit dem Sonnenuntergang. „Am Ende wird alles gut. Und wenn es nicht gut wird, ist es noch nicht das Ende" (Oscar Wilde).

Ostfriesland grenzenlos

1 **Erleben**
Ostfriesland grenzenlos

Woher die großen Pötte kommen

Das Unternehmen im Familienbesitz ist die einzige emsländische Werft, die den Umbruch vom Holz- zum Stahlschiff überlebt hat. In Deutschland hat sie die ökonomische Nische zum Bau von luxuriösen Kreuzfahrtschiffen besetzt. Sie ist technologisch, logistisch und ökonomisch ein Weltunternehmen. Sehr zum Leidwesen des Naturschutzes. Denn die Werft liegt ca. 50 Kilometer von der Nordsee entfernt. Ihre riesigen Schiffe müssen durch die viel zu flache und enge Ems an die Küste bugsiert werden. Dafür wurde der Fluss ausgebaggert, kanalisiert und begradigt. Die Ems ist so gut wie tot. Seit einigen Jahren gibt es einen „Masterplan", um die Ems zu retten. Bislang hat aber noch keine Maßnahme Erfolg gebracht. Die Meyer Werft und die Überführungen ihrer Schiffe sind Publikumsmagneten.

Meyer Werft Papenburg
Industriegebiet Süd
26871 Papenburg
Infos und Buchung zur Werftbesichtigung:
www.papenburg-marketing.de
T. 04961 960

2 Entdecken
Ostfriesland grenzenlos

Kultur im barocken Park

Eine der schönsten Gartenanlagen der Region befindet sich auf Gut Altenkamp im Papenburger Ortsteil Aschendorf. Der Herrensitz aus dem 18. Jahrhundert im holländisch-norddeutschen Barockstil kann besichtigt werden. Regelmäßig gibt es dort auch Ausstellungen zu sehen. Im ebenfalls barocken Park finden im Sommer Konzerte und andere Events statt.

Gut Altenkamp

Am Altenkamp
26871 Papenburg
T. 04962 6505
www.papenburg.de (Tourismus/Veranstaltungsorte)
Di–So 10–17 Uhr

3 Erleben
Ostfriesland grenzenlos

Wenn Mutter Gerken erzählt

Eine Stadtführung mal anders. Erika Windeler ist Mutter Gerken. Diese war eine Zeitungsausträgerin in Westerstede um die Wende zum 20. Jahrhundert. Sie zündete zudem abends die Laternen an - kannte also jeden Winkel ihrer Stadt. Der Stadtrundgang mit der kostümierten Erika Windeler ist lehrreich und vergnüglich.

Stadtführung Westerstede

Kontakt: T. 04488 556 60
www.westerstede-touristik.de

4 Erleben

Ostfriesland grenzenlos

Strampeln auf Schienen

Es gibt viele Möglichkeiten sich fortzubewegen. Nehmen Sie doch mal eine Draisine. Auf einem stillgelegten Gleis zwischen Westerstede und Westerstede-Ocholt können Sie zu viert oder in der Gruppe zu 16 Personen über die Schiene ruckeln. Sportlich und naturnah!

Draisinenbahn

Tourismusinfo Westerstede
Oldenburger Str. 9
26655 Westerstede
T 04488 556 60
www.draisinenspass.de
1. April bis 15. Oktober

5 Erleben

Ostfriesland grenzenlos

Blüten- und Farbenmeer

Mit 70 Hektar ist der Rhododendronpark Hobbie in Westerstede der größte seiner Art in Deutschland. Auf dem Gelände eines Zuchtbetriebes lässt es sich vortrefflich im Park und an der Teichanlage lustwandeln. Es bietet sich an, im Parkcafé den Katalog der Alpenrosen und Azaleen zu durchblättern – falls man Interesse an den Pflanzen für zu Hause hat. Ein weiterer Rhododendronpark befindet sich in der Nähe in Wiefelsstede (Gristeder Straße 27, 26215 Wiefelsstede, T. 04403 6010).

Rhododendronpark Hobbie

Alpenrosenstraße 7
26655 Westerstede-Petersfeld
T. 04488 2294
www.hobbie-rhodo.de
tgl. 9.30–19 Uhr

6 Erleben
Ostfriesland grenzenlos

Schinkeneum

Es heißt zwar so, aber es ist genau genommen kein Museum. Denn die Schinkenräucherei in Apen, die wohl älteste Privaträucherei der Region, produziert noch ihre Köstlichkeit in traditioneller Weise. Lassen Sie sich nicht von der angekratzten Fassade des Hauses abschrecken. Der derzeitige Räucherer, Arnd Müller, macht den Job in der neunten Generation. Engagiert und lebhaft schildert und zeigt er die Schinkenherstellung, wie sie sein sollte: ökologisch und nur dem Genuss verpflichtet. Im Eintrittsgeld ist eine Kostprobe des edlen Schinkens enthalten.

Schinkenmuseum Apen
Hauptstraße 212
26689 Apen/Ammerland
T. 04489 6501
www.schinkeneum.de
April–September Mi– Fr 10–13 und 14–17 Uhr, Sa 10–13 Uhr
Oktober-März nach Absprache

7 Erleben
Ostfriesland grenzenlos

Fun mit Fußball

Diesmal muss das Runde in das Runde. Beim Fußballgolf geht es nicht anders. In Conneforde am Bernsteinsee bei Wiefelstede können Sie sich beim Einputten des Fussballs austoben. Werden Sie ein Shooting-Star!

Fußballgolf am Bernsteinsee
Dorfstraße 8d
26215 Wiefelstede
T. 04458 948 78 85
www.fuss-ball-golf.de

8 Entdecken
Ostfriesland grenzenlos

Englischer Landschaftspark

Seit dem 18. Jahrhundert ist Rastede die Sommerresidenz der oldenburgischen Großherzöge. Mit ihren prachtvollen Bauten brachten sie den Klassizismus in die Region. Das Schloss im Familienbesitz ist nicht öffentlich. Aber im gegenüberliegenden Palais finden regelmäßig Konzerte, Ausstellungen und Theateraufführungen statt. Man kann sich dort auch trauen lassen. Palais und Schloss liegen in einem zauberhaften englischen Landschaftsgarten (320 Hektar) mit altem Baumbestand und Teichen. Im Park gibt es Sportanlagen, unter anderem einen Turnierplatz, auf dem regelmäßig reiterliche Großveranstaltungen stattfinden.

Schloss Rastede
Feldbreite 23
26180 Rastede
T. 04402 815 52
Programm Palais:
www.kkr-rastede.de

9 Erleben
Ostfriesland grenzenlos

Tagestour für Gartenfans

Es ist schlicht „der“ Garten! Oder besser „die“ Gärten. In Deutschlands größtem Mustergarten, dem Bad Zwischenahner Park der Gärten, kann man entdecken, lernen, sich überraschen lassen oder einfach alles nur schön finden. Eine satte Tagestour. Die 140 Hektar große Anlage ist ein Genuss für Gartenfreunde und Pflanzenliebhaber. Spannend für Kinder sind die Aussichtstürme.

Park der Gärten
Elmendorfer Straße 40
26160 Bad Zwischenahn
T. 04403 819 60
www.park-der-gaerten.de
14. April–8. Oktober (2018), Kassenöffnung 9.30–18.30 Uhr (Tore schließen 21.30 Uhr)

10 Erleben

Ostfriesland grenzenlos

Das Leid der „Moorsoldaten“

Das KZ Esterwegen gehörte 1933 zu den ersten NS-Lagern. Zuerst wurden „Kriminelle“ und politische Gefangene eingekerkert. Später waren in den insgesamt 15 Emslandlagern vornehmlich sowjetische Kriegsgefangene untergebracht. Auch der Schriftsteller und spätere Friedensnobelpreisträger Carl von Ossietzky war hier inhaftiert. Der Journalist hatte Waffengeschäfte der SS und Wehrmacht mit der damaligen UdSSR öffentlich gemacht. Die Gefangenen der Emslandlager machten das Emsland und Teile Ostfrieslands urbar und trugen wesentlich zur deren wirtschaftlicher Entwicklung bei. Ihr Lied der „Moorsoldaten“ erlangte Weltruhm, die Häftlinge sangen es beim Ausmarsch zur Zwangsarbeit im Moor. In den Emslandlagern starben mehr als 30 000 Menschen.

Gedenkstätte Esterwegen
Hinterm Busch 1
26897 Esterwegen
T. 05955 98 89 50
www.gedenkstaette-esterwegen.de
Di–So 10–18 Uhr, November bis März Di–So 10-17 Uhr

11 Erleben

Ostfriesland grenzenlos

Wasserrutsche und Wildtiere

Eingebettet in das herrliche Waldgebiet an der Thülsfelder Talsperre liegt der Tier- und Freizeitpark Thüle. Es ist ein äußerst beliebter Ausflugsort. Bobkarts, Achterbahn, Wasser- und Schlauchbootrutsche zählen zu den 31 Fahrgeschäften und Attraktionen. Zum Glück sind in den letzten Jahren die Tiergehege modernisiert worden. So kann man sich auch an den vielen Wildtieren freuen – wenn man sich denn von den Fahrgeschäften loseisen kann.

Tier- und Freizeitpark Thüle
Über dem Worberg 1
26169 Friesoythe
T. 04495 255
www.tier-freizeitpark.de
Mo–So 9–18 Uhr

12 Erleben
Ostfriesland grenzenlos

Wo der Kurfürst Ruhe fand

Schloss Clemenswerth ist von Köln aus gesehen weg aus der Welt. Das sollte es auch. Denn der schillernde Kürfürst Clemens August (1700–1761) hatte zum Ende seiner Herrschaft echte Probleme. Der Bayer mit der sa-

genhaften theologischen Karriere, er erlangte fünf Bischofstitel und war Hochmeister des Deutschen Ordens, wollte am Rand seines Herrschaftskreises Ruhe haben und keine Sorgen mitschleppen. Also ließ sich der „Sonnenkönig vom Rhein" bei Sögel ein prächtiges Jagdschloss mit großem Park bauen. So wie er können es heute auch einfache Menschen genießen.

Schloss Clemenswerth
49751 Sögel
Führungen:
T. 05952 93 23 25
www.clemenswerth.de
März Di–So 11–16 Uhr
April bis Oktober Di–So 10–18 Uhr

13 Entdecken
Ostfriesland grenzenlos

Bad Nieuweschans

Direkt hinter der deutsch-niederländischen „Grenze“ wartet ein “kulinarisches” Dorf auf Sie. Das Solebad, die Therme Fontana, umschmeichelt mit warmem Salzwasser ihren Teint (Saunen inbegriffen), und im örtlichen Supermarkt haben Sie ersten Kontakt mit Vla, Makronenkeksen, Bitter Ballen und Lakritzen. Früher gab es einen geregelten Schmuggelverkehr zwischen Ostfriesland und Nieuweschans. Heute ist es ein sicherer Sprung über A 31 und A7.

14 Entdecken
Ostfriesland grenzenlos

Eine Burg wie im Film

Nach etwa 45 Kilometern von Leer über die A 31 erreichen Sie hinter der niederländischen Grenze die mittelalterliche Festung Bourtange. Die völlig erhaltene Anlage wirkt wie eine Filmkulisse. Sie spielte in den Wirren unterschiedlicher Kriege eine wichtige Rolle und galt als uneinnehmbar. An mehreren Terminen im Jahr stellen Mitglieder eines Vereins in entsprechenden Kostümen einige historische Begebenheiten nach. Spektakulär ist dann immer das Abfeuern der Burgkanonen. Also: Hin und Ohren zuhalten!

Vesting Bourtange
Willem Lodewijkstraat 33
NL 9545 PA Bourtange
T. 0031 599 35 46 00
www.bourtange.nl
Februar bis Oktober Mo–Fr 09.15–17 Uhr, Sa–So 10–17 Uhr
November bis Dezember Mo–Fr 09.15–17 Uhr, Sa–So 10–16 Uhr

15 Erleben
Ostfriesland grenzenlos

Safari in Holland

Ein Tag in der wilden Welt! 45 Minuten von Leer über die A31 liegt das niederländische Emmen. Vor mehr als 50 Jahren wurde hier der erste Zoo entwickelt, in dem nicht die Präsentation der Tiere im Vordergrund stand, sondern das Erleben der Kontinente. Abenteuerlich ist die Safari durch die afrikanische Savanne – mit Hautkontakt zu Giraffen! Das Schmetterlingshaus raubt den BesucherInnen den Atem. Der Zoo ist extrem kinderfreundlich. Ein absolutes Highlight! Lassen Sie sich wirklich den ganzen Tag Zeit.

Wildlands Adventure Zoo Emmen
Raadhuisplein 99
NL 7811 AP Emmen
www.wildlands.de
ganzjährig tgl. 10–17 Uhr (in der Hochsaison bis 18 Uhr)

16 Entdecken
Ostfriesland grenzenlos

Die hängenden Küchen von Appingedam

Das mittelalterliche Appingedam, 68 Kilometer von Leer entfernt, ist ein Kleinod in den Nordniederlanden. Damit überhaupt Menschen die unwirtliche Moorregion besiedeln konnten, wurde im 12. Jahrhundert ein Kanal, der Delf, gegraben. Er sollte einen Verkehrsweg zur Ems schaffen. Dafür musste das Flüsschen Appe mit einem Damm eingedeicht werden. Pfiffige Kaufleute (Damsters) sicherten sich zollfreie Wege zur Weser und Nordsee. Ab dem 13. Jahrhundert blühte der Ort durch den Skandinavienhandel auf. Heute strahlt der bevorzugte Wohnort vor der Industrie- und Hafenstadt Delfzijl Ruhe, Gelassenheit und Lebensfreude aus. Die „hängenden Küchen“ sind berühmt. Weil der Bauraum in den mittelalterlichen Gassen eng war, verlegte man die Küchen als hölzerne „Schwalbennester“ über den Kanal.

Appingedam

VVV Appingedam (Tourismusinformation)
Oude Kerkstraat 1
NL 9901 JB Appingedam
T. 0031 59 66 203 00
www.appingedam.nl

17 Erleben
Ostfriesland grenzenlos

Gegen den Bommen Bernhard

Im Mittelalter fast uneinnehmbar, heute über die A7 Richtung Groningen von Leer aus in knapp 20 Minuten zu erreichen: Oudeschans. Im 17. Jahrhundert schützte die Festung das Umland vor „Bommen Bernhard“. So nannten die Niederländer den damaligen Bischof von Münster. Der wollte sich Teile der friesischen Küste einverleiben. Zwar wurde die Festung im 19. Jahrhundert geschleift, Enthusiasten sanierten aber Wälle, Gräben, Bastionen und Gebäude und schufen einen verwunschenen Ort.

Festung Oudeschans

Molenweg 6
NL 9696 XN Oudeschans
www.vesting-oudeschans.nl
(nur niederländisch)

18 Erleben
Ostfriesland grenzenlos

Beobachtungsturm am Dollart

Im südlichen Auslauf des Dollart steht in der Uferzone der Kiekkaaste. Der überdachte Beobachtungsturm eröffnet einen fantastischen Blick in das Schilfröhricht, die Salzwiesen und den Dollart. Abgeschieden von der Zivilisation erleben Sie Natur pur. Wasser-, Wat- und Wiesenvögel sind fast nirgendwo besser zu beobachten! Achtung, bei Flut kann der Weg dorthin sehr feucht sein. Also: Gummistiefel, Zeit und unbedingt ein Fernglas mitbringen.

Kiekkaaste

A 31 Richtung Meppen. Ausfahrt Jemgum Richtung Ditzum. Weiter Pogum/Ditzumerverlaat, rechts ab Heinitzpolder (Ausschilderung „Kiekkaaste“ folgen).

19 Genießen
Ostfriesland grenzenlos

Termunterzijl

Auf der niederländischen Seite des Dollart liegt noch vor der Industriestadt Delfzijl der Sielort Termunterzijl. Das ist ein beliebter Sportboothafen, in den man eben mal schnell von Emden aus rüber hoppt. Wer kein Boot hat, sollte sich trotzdem, mit dem Rad oder dem Auto, auf den Weg machen. Denn direkt am Siel steht ein Fischschnellrestaurant. Für alle, die die niederländische Zubereitung von Fisch aller Art und Muscheln lieben, ist das Siel ein Genussreich. Und der Matjes, der echte holländische Matjes – zum Niederknien...

20 Entdecken
Ostfriesland grenzenlos

Blaue Stadt

Die Niederländische Gemeinde Oldambt um die Stadt Winschoten hat als erste in der gesamten Region das Projekt „maritimes Wohnen“, die „Blauwestad“, gestartet. Damit sollten gezielt betuchte Menschen von beiden Seiten der „Grenze“ nach Winschoten gelockt werden. Exklusives, selbst gestaltetes Wohnen am ehemaligen Oldambter Meer, möglichst mit eigenem Bootsanleger, umgeben von einem riesigen Freizeit- und Naturschutzgebiet. Mittlerweile haben Städte wie Leer, Emden oder Weener mit kleineren Projekten nachgezogen. Sehenswert!

Blauwestad Winschoten
Projektbüro: Redersplein 2,
NL 9685 AW Blauwestad
T. 0031-597 47 10 10
www.blauwestad.nl

21 Erleben
Ostfriesland grenzenlos

Groningen

Wenn Sie schon mal in Ostfriesland sind, dann sollten Sie sich einen Tagestrip nach Groningen (68 Kilometer von Leer aus) nicht entgehen lassen. Den Unterschied zu erleben zwischen niederländisch und deutsch ist beeindruckend. Und dann ist Groningen eine tolle Großstadt. Sie hat die Geschichte Ostfrieslands tiefgreifend beeinflusst. Freuen Sie sich an einer interessanten niederländischen Stadt. Samstags hält die Innenstadt am Grote Markt (Vismarkt) Hof – für Fischliebhaber ist der ein Paradies.

22 Entdecken
Ostfriesland grenzenlos

Groninger Folkingestraat

Vor der Börse am Markt im Zentrum biegt links die schmale Folkingestraat in Groningen ab. Sie ist eine der lebhaftesten, buntesten und interessantesten Straßen der Stadt. Buchläden, Antiquariate, Designer, orientalische Basare, Klamottenläden und witzige Fressläden drängen sich auf engstem Raum. Aufgepasst, hier haben oder nehmen sich RadfahrerInnen Vorfahrt!

GULPENER
AMSTEL
Cafe

23 **Erleben**
Ostfriesland grenzenlos

Grachten in Groningen

Sicher ist die Innenstadt von Groningen eine Sensation. Für Ostfriesen ist Groningen eine Art New York. Aber gehen Sie mal in die kleinen Seitenstraßen und bummeln Sie an den Grachten entlang. Da liegen Wohnschiffe, alte Kontore und schnuckelige Häuser. Groningen ist mittlerweile eine Großstadt. Früher war sie völlig vergessen in den Niederlanden. An den Grachten erlebt man noch eine sehr urwüchsige Lebensweise.

24 **Erleben**
Ostfriesland grenzenlos

Gastronomie total

Da müssen Sie hin! Das ist Groningen. Die Drie Gezusters ist eine der ältesten Gaststätten in der Stadt. Das Café-Restaurant zieht sich im Haus über drei Etagen hin und bietet verschiedene Bars. Von der großen Terrasse überblickt man den Großen Markt (Grote Markt). Oft ist es total überfüllt. Aber morgens entfaltet es seinen ganzen Charme, dann nämlich, wenn man in Ruhe seinen Coffie an den langen Lesetischen in der unteren Etage trinken und in den Zeitungen blättern kann. Falls Sie kein Niederländisch

verstehen, bringen Sie eine andere Zeitschrift Ihres Vertrauens mit!

De Drie Gezusters
Grote Markt 36–38
NL 9711 LV Groningen
T. 0031 503127041
www.driegezustersgroningen.nl
tgl. ab 10 Uhr

25 Erleben
Ostfriesland grenzenlos

Um den und auf dem Dollart
Rund um den Dollart führt die Internationale Dollard-Route, ein 206 Kilometer langer Radwanderweg. Wem der zu anstrengend ist, der kann gemütlich wenigstens einen Teil der Strecke mit dem Schiff zurücklegen. Von Ditzum über Emden nach Delfzijl (NL) pendelt die „Dollard" im Sommer mittwochs, freitags und samstags für Fußgänger und Radfahrer übers Wasser.

Internationale Dollard-Route e.V.
Ledastaße 10
26789 Leer
T. 0491 91 96 96 50
www.dollard-route.de

Carl-Heinz Dirks
Wi proten un wi snackt in Ostfriesland

210 Seiten
978-3-8319-0792-2

Dieses Buch schließt endlich eine wirkliche Lücke. Allerdings: Snackt Ostfriesland wirklich so? Snackt Ostfriesland überhaupt? Die Mehrheit würde sagen:
Wi proten Platt.
Ostfriesland zerfällt also in Proterland und Snackerland. Das war schon immer so. Also, seit da wieder Menschen wohnen. Die großen Moorgebiete, die das Land von Nordwesten bis Südosten durchzogen, teilten die ostfriesische Halbinsel. So blieben die Friesen an der südlichen Nordsee lange Zeit wenig betroffen von den Entwicklungen im Binnenland. Sie behielten ihre Sprache, ihre Sitten und gesellschaftlichen Strukturen.
Ihre friesische Sprache gaben sie auf, als es ihnen vorteilhafter schien, so wie die meisten anderen Niederdeutsch zu sprechen. Und es lohnt sich, mal zuzuhören. Dieses Buch ist dabei eine kleine Hilfe.

Mit einem Grußwort und Originalzeichnung von Otto Waalkes

Carl-Heinz Dirks
Geschichte Ostfrieslands
Von der Freiheit der Friesen bis zu Deutschlands witzigstem Otto

192 Seiten mit 145 Abbildungen
978-3-8319-0808-0

Ostfriesische Geschichte? Auf den ersten Blick ist das Land bloß flach, das Wattenmeer grau, die Menschen schweigsam. Aber schon auf den zweiten Blick sieht alles ziemlich anders aus: Natürlich, Kaiser Karl der Große hat auch Friesland seinem Reich einverleibt – aber die Ostfriesen konnten eine Reihe von Sonderrechten behaupten, voller Sturheit, und im Wissen, dass der Kaiser schön weit weg war, ihr Land unwegsam, von Mooren umgeben, ja, fast eine Insel und am Rande der bewohnten Welt.
Die gewaltigste Leistung der Friesen war in doppelter Hinsicht der Deichbau: Aus den bis dahin immer wieder überfluteten Gebieten wurde fruchtbares Marschland – bedeutsamer aber war, dass durch den Deichbau die „Friesische Freiheit" entstand: Adel und Unfreiheit verschwanden. Ein Sonderfall in Europa.
Noch ein paar herausragende Gegebenheiten: Der älteste Pflug Europas, die älteste Straße Deutschlands, der schiefste Turm der Welt, Weltmeister im Teetrinken, der Entdecker der Sonnenflecken, ein Nobelpreisträger oder Deutschlands witzigster Otto: Alle sind sie Teil der ostfriesischen Geschichte.

Reinhard Scheiblich

Leuchttürme
Von Borkum bis Usedom

208 Seiten mit zahlreichen Abbildungen

978-3-8319-0761-8

Dieses Buch ist kein klassischer Reiseführer, vielmehr ist es ein Reisebegleiter und zugleich ein Handbuch über die wichtigsten und schönsten Leuchttürme an den deutschen Küsten. 79 Leuchttürme werden in kurzen, aber sehr informativen Texten vorgestellt. Ergänzt werden diese Informationen durch ein integriertes Handbuch mit 219 tabellarisch aufgeführten Stichworten aus Technik, Geschichte und Kultur. Zahlreiche Fotos von Reinhard Scheiblich, historische Abbildungen, Dokumente und Zeichnungen geben dem Buch über deutsche Leuchttürme auch optisch eine außerordentliche Dichte.

Titelabbildungen ©Fotolia: o.l. (Mauro Piccardi), o.r.(Peter Kensbock), m.r. (M. DirK), u.l., u.m., u.r. (LianeM), m.l. (Esteher Hildebrandt)

Alle Fotos von Thomas Schumacher, außer

Christian Ballé 107; Kraemer, Kunsthalle Emden 68, Landhotel und Gasthof Oltmanns 158; Gemeinde Uplengen (Naturschutzgebiet „Hollesand") 159; Fotolia (Hans Sehringer) 195; wikimedia commons: (Brunswyk) 10, (Bin im Garten) 25, 83, (Susanne Sander-Seylert) 27, (Leeraner Miniaturland) 29, (Matthias Süßen) 40, 66 l., 86, 88, 95, 99, 104, 113, 116, 124, 126, 129, 131, 132, 140, 144, 181, 202, 223, 232, (Mef.ellingn) 43, (Frank van Anken) 45, (Wikiwal) 53, (Detlef Kolthoff) 54, (Corradox) 55, 60, 61, 148, 188, 241 r., CC BY SA 3.0 (Martina Nolte) 59, 193 l., 198, 200, 217, (Rail) 62, (kaʁstn/Diks) 66 r., 118, (HansPeter) 71 l., (Tim Schredder) 71 r., 225, (Gouwenaar) 72 l., (Roepers) 84, (optikorakel) 85, (Ramessos) 90, (Uwe Karwath) 95, 155, 184, 190, 206, (Thomas Schreiber) 96, (Michael Jungirek) 97, (Lokilech) 106, 115, (Tirkon) 110, (Wladyslaw Sojka) 114, (Olaf2) 125 (pixifehler) 133, (Ein Dahmer) 143, (simplicius) 149, 151, (Michiel 1972) 156, (Eastfrisan) 162, (Gerardus) 173, (Leit) 178, (wiki05) 179, (Strandbalu) 189, CC BY SA 3.0 (Dickelbers) 193 l., (Gerd Fahrenhorst) 193, 204, 205, 237, (Christoph Wilhelms) 180, (Cellenarius) 201, (KuK) 208, (Datenralfi) 226, (Janericloebe) 228, (H.G. Graser) 230, (Rhododendronpark Hobbie) 239, (N9713) 241 l., (Heinz Josef Lücking) 242, (Ben Benders) 244, (Uberpruster) 246, (JacoNed) 247

Der Verlag dankt allen, die uns für dieses Buch Bild- und Textmaterial zur Verfügung gestellt haben.
Trotz aller Bemühungen ist es uns nicht in allen Fällen gelungen, die Rechteinhaber zu ermitteln. Wir bitten diese, sich gegebenenfalls mit dem Verlag in Verbindung zu setzen.

Alle Angaben in diesem Buch wurden gewissenhaft geprüft. Preise, Öffnungszeiten etc. können sich aber schnell ändern. Daher können Autoren und Verlag keine Gewähr für die Richtigkeit übernehmen.

Stand: Januar 2024

Für Anregungen, Berichtigungen und Ergänzungsvorschläge sind wir dankbar. Bitte senden Sie diese per Email an: presse@ellert-richter.de

Bibliografische Information der Deutschen Nationalbibliothek
Die Deutsche Nationalbibliothek verzeichnet diese Publikation in der Deutschen Nationalbibliografie; detaillierte bibliografische Daten sind im Internet über http://dnb.d-nb.de abrufbar.

ISBN 978-3-8319-0720-5

4. Auflage, Hamburg 2024

Text: Thomas Schumacher
Autorenfoto: © privat
Redaktion: Claudia Hönck, Sophie Niemann, Hamburg
Gestaltung: BrücknerAping, Büro für Gestaltung, Bremen
Karte Ostfriesland: THAMM Publishing & Service, Bosau
Gesamtherstellung: CPI books GmbH, Leck

www.ellert-richter.de
www.facebook.com/EllertRichterVerlag
www.instagram.com/ellert_richter_verlag